机器学习

在量化金融中的应用

倪好　于光希　郑劲松　董欣◎著

清华大学出版社

北京

内 容 简 介

本书是资深金融数据分析专家多年工作的结晶。书中深入浅出地阐释机器学习的数学基础及其在金融数据分析领域的应用。

全书共分 9 章。第 1 章介绍机器学习的发展状况并概述机器学习在金融中的应用。第 2 章介绍监督学习的通用框架。第 3 章描述最简单的线性回归模型——普通最小二乘法以及正则化方法——岭回归和套索回归,并讨论线性模型及非线性的回归和分类方法。第 4 章讨论监督学习中的树模型,包括决策树、随机森林和梯度提升树。第 5 章重点介绍三种主要的神经网络:人工神经网络、卷积神经网络和循环神经网络。第 6 章和第 7 章介绍无监督学习,主要包括聚类分析和主成分分析。第 8 章重点介绍强化学习在投资组合优化中的应用。第 9 章以一个流行的数据挑战项目为例,使用前几章介绍的机器学习方法预测金融违约风险,为读者提供解决实际数据问题的经验。

本书内容丰富,理论严谨,案例翔实,不仅包括完整的理论推导,而且囊括可用于实际项目的案例代码,适合高等院校计算机及相关专业的高年级本科生或者研究生阅读,也可以作为机器学习爱好者及金融分析师等的参考用书。

图书在版编目(CIP)数据

机器学习在量化金融中的应用 / 倪好等著. —北京:清华大学出版社,2021.1(2023.4重印)
ISBN 978-7-302-56596-3

Ⅰ. ①机… Ⅱ. ①倪… Ⅲ. ①机器学习-应用-金融投资 Ⅳ. ①F830.59-39

中国版本图书馆 CIP 数据核字(2020)第 187396 号

责任编辑:秦 健
封面设计:杨玉兰
责任校对:李建庄
责任印制:沈 露

出版发行:清华大学出版社
    网 址:http://www.tup.com.cn,http://www.wqbook.com
    地 址:北京清华大学学研大厦 A 座   邮 编:100084
    社 总 机:010-83470000   邮 购:010-62786544
    投稿与读者服务:010-62776969,c-service@tup.tsinghua.edu.cn
    质 量 反 馈:010-62772015,zhiliang@tup.tsinghua.edu.cn
印 装 者:涿州汇美亿浓印刷有限公司
经 销:全国新华书店
开 本:186mm×240mm   印 张:13.75   字 数:240 千字
版 次:2021 年 2 月第 1 版   印 次:2023 年 4 月第 3 次印刷
定 价:69.00 元

产品编号:083253-01

前　言

关于作者本人

　　我目前在伦敦大学学院（University College London, UK）任教，担任数学系的副教授，同时我也是阿兰·图灵研究所（the Alan Turing Institute, UK）数据科学与人工智能研究员。我的研究领域是跨学科的，包括随机分析、金融数学和机器学习。现在我的大部分研究工作集中于时间序列数据的分析与挖掘，包括金融数据分析、手写数字识别和视频分类。

　　我很早便与数学结缘，在东南大学数学系取得本科学位。本科最后一年我在德国乌尔姆大学交流，开始学习金融数学。之后我取得了牛津大学计算金融硕士和数学博士学位。攻读博士学位期间，我曾在保险公司和投行（投资银行）的量化部门实习过。之后我在布朗大学和牛津大学做过四年博士后。在博士后研习期间，我的研究方向逐渐发生了变化。虽然我的工作和理论数学还是有相关的地方，但大方向由理论数学转向了机器学习。博士后出站时我收到了两份投行量化工作邀请，但最终还是选择了学术界，并从 2016 年开始任教于伦敦大学学院。

　　从我的个人经历中可以看出，我并不是一个计算机背景出身的典型机器学习研究人员。因此，我一直希望能有一个机会和更多刚刚接触机器学习的人分享我在转方向过程中的心得，帮助他们少走一些弯路。

关于本书

　　我在 2017 年第一次产生了这样的想法：组织一系列关于机器学习的活动，让更多的人，尤其是具有数理背景的人了解机器学习。我自己有很多朋友和同学活跃在业界，他们中的大部分和我有类似的教育背景。在日常交流中，他们对我现在做的研究，尤其对机器学习，表现出了极大的兴趣。但因为工作繁忙，他们自学的时间成本很高。因此我希望组织一系列活动帮助他们快速了解机器学习的理论框架，同时定期讨论金融数学当前的热点问题，以及机器学习在金融中的应用。2018 年 5 月，在朋友的帮助下，我组织了第一阶段的六次活动，主要内容包括机器学习简介、监督学习、编程展示和金融案例研究。

在这些活动中,我收到了很多宝贵的意见和鼓励。这也使我想更进一步,将这些活动材料写成书出版,帮助更多对机器学习和量化金融感兴趣的读者快速入门。机器学习和金融数学都不是遥不可及的名词,我希望本书可以给读者一个愉快的阅读体验。本书不仅会提供机器学习的理论知识,还会结合实际的金融应用案例,帮助读者快速入门机器学习。

关于机器学习

毫无疑问,机器学习是当今学界和业界的热点。但机器学习不是万能的,无法做到把数据放进算法就可以解决问题。虽然现在人工智能已经成功应用于很多方面,但离真正的智能还有很远的距离。本书旨在揭开机器学习神秘的面纱,算法背后是有基本的数学和统计理论支撑的,任何一个具有扎实数理功底的高年级本科生都可以快速掌握。

金融数学在近十年发生了很大的变化。传统的金融数学以随机计算为基础,以定价模型为核心。投行量化分析师的工作就是用这些随机模型做衍生品定价。而在基金公司,量化分析师则使用统计方法系统性地寻找交易信号,制定有效的交易策略。但是近几年,出现了越来越多的非结构化数据。无论是买方还是卖方,都投入了大量的资金,探索使用机器学习方法挖掘更多有用的市场信息,以获取超额回报。例如,由 Man Group 和牛津大学共同建立的 Oxford-Man 量化金融研究院,在 2015 年成为牛津大学信息工程系的一部分,与牛津大学的机器学习组有紧密的联系。

未来的世界,越来越需要复合型人才。对于有志于从事量化工作的在校学生,需要适应大环境对人才技术要求的改变。研究机器学习或从事相关工作,通常需要扎实的数理功底和编程能力,并且对实际问题有一定的了解。

目前大多数机器学习研究人员更多关注算法的应用,而对算法的创新或者数学原理关注较少。一些成熟的算法已经被用于解决实际问题,例如使用卷积神经网络进行图像识别。这本身无可厚非,毕竟机器学习是一门应用型学科。从短期数值结果的提高来看,系统性调参可能比理解算法更有效。但我认为,从长期来看,即使只研究机器学习的应用,也应该对算法原理有较好的理解。同样,做算法理论研究的学者也应该尝试具体的应用。理论和应用是相辅相成的,了解算法原理,有助于高效地调参和修正模型,而实际应用会帮助做理论的学者了解什么是重要的问题。

关于未来

对于一个人的成长来说,保持好奇心和持续学习是最重要的。我的教育背景是数学出身,在攻读博士学位的三年间,我一直认为自己只喜欢数学 —— 因为数学美丽、优雅而复杂。同时我片面地认为编程和应用很容易。而在我做了越来越多交叉学科的研究后，才发现以前的自己是多么无知。所以对于不了解的东西，不要轻言喜欢或不喜欢，很多时候不喜欢可能只是畏难。对于未知的领域，保持长久的好奇心，有助于我们拓宽眼界和提升能力。

最后，我想引用一句自己最喜欢的罗素的话作为结束，与大家共勉：

"Three passions, simple but overwhelmingly strong, have governed my life: the longing for love, the search for knowledge, and unbearable pity for the suffering of mankind."

倪　好

致　谢

　　首先，我要感谢本书的合作者 —— 于光希、董欣和郑劲松。没有他们的辛苦工作，本书不可能完成。本书的初稿首先由英文完成，光希完成了几乎全书的翻译工作，董欣撰写了无监督学习的部分，劲松提出了最后两章的代码并提出了很多专业建议。他们都是金融业的从业人员，工作非常繁忙。在短短的半年期间，能一起完成本书的写作工作，我难以用语言表达我的感激之情。我们都有一个共同的心愿：希望本书能帮助更多的人，加快他们在机器学习和金融领域的学习进程。

　　我还要特别感谢为机器学习活动提供帮助的朋友们。正是他们的无私帮助，使得活动可以顺利进行。2018 年我举办了一系列机器学习的推广活动，董欣、蒋岚、何翠玉、刘静和陈涵艺耐心地帮我修改每次活动的讲稿，这些活动材料正是本书的雏形。在活动过程中，感谢张晓宇以及新加坡交易所的朋友邢雯，他们提供了第一次活动的场地。感谢来自花旗银行的张幸，他慷慨地提供了后续活动的场地。

　　在本书的写作过程中，许多人提供了宝贵的建议。在此谨表达我深深的谢意：郭君、何翠玉、林铿洪、廖书剑、刘静、李悦馨、汤佳梓、杨文伟、杨维信、吴明进等，还有我的母亲丁菊敏。我也非常感谢我的学生廖书剑和娄夯帮助我整理了部分代码。

　　英国工程和自然科学研究委员会（EPSRC）和阿兰·图灵研究所资助了我的研究（编号分别是 $EP/S026347/1$ 和 $EP/N510129/1$），特在此表示感谢。

　　最后我要感谢我的父亲。他在看到我的演讲稿后，为我联系了清华大学出版社，并全权处理了合同等事宜。如果没有他的帮助，本书不可能出版。

倪　好

目 录

第 1 章
概述

大数据时代

当今世界正在经历"数据爆炸",我们正真切地置身于一个大数据时代。环顾身边林林总总的数据,我们不禁要问,到底什么才是大数据? 如图 1.1 所示,大数据从体量(volume)、速度(velocity)和种类(variety)这三方面区别于普通数据。大数据一般是指具有大体量、高速度和多样性这三个特点(简称 3v)的数据。

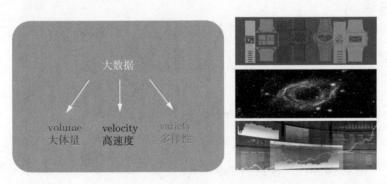

图 1.1　大数据的 3v 特点

- 体量定义了数据的大小。当今社会的数据体量很大,商业过程、个人活动和传感器都可以产生大量的数据。如果对可观测到的宇宙进行建模,现代望远镜每次观测就可以产生万亿字节的数据,这很容易达到超级计算机的极限。
- 速度定义了数据流的速度。现在的数据流可以达到前所未有的速度,因此必须及时有效处理。金融中的高频交易就是一个很好的例子,高频数据流的速度可以达到毫秒级别。

☐ 种类指数据的多样性。其中包括从传统数据库中结构化的数值型数据到非结构化的文本文件、电子邮件、视频和音频等。图 1.1 展示了不同类型的穿戴设备,每个人的生活都离不开智能手机。这些设备记录了不同类型的数据,包括照片、短信和在线交易记录等。

大数据的 3v 特点使得传统统计方法遇到很多难以应对的挑战。与此同时,大数据也提供了许多潜在的机会,特别是大数据中隐藏着大量有用的信息。因此,如何提取这些有用的信息并做出更好的预测是至关重要的。在这种情况下,机器学习成为应对这些挑战的一个最佳选择。

机器学习可以高效地处理大规模数据集,并提取有效信息。 这里以 CASIA-OLHWDB1[①]数据集为例说明机器学习在实际应用中的数据规模及其达到的识别准确率。

CASIA-OLHWDB1 数据集是手写字体识别的一个常用数据库,共包含来自 420 名书写者的 1 694 741 个手写字符样本和 4037 个类别 (3866 个汉字和 171 个符号)。一些复杂的机器学习算法在 CASIA-OLHWDB1 数据集上可以达到 95% 以上的字符识别准确率。

1.2 机器学习

1959 年, Arthur Samuel 将机器学习定义为"研究如何在不输入显式编程指令的情况下,使计算机获得学习的能力"。对于某些类型的任务,很难通过显式编程指令完成。在这种情况下,最好的方法是使计算机具有从数据中学习的能力。

如图 1.2 所示,图像识别是一类机器学习任务。在这个任务中,由于每幅画中花的位置、形状和颜色都不同,因此很难通过显式编程指令告诉计算机如何识别画中的花的种类。但如果在算法中输入足够多的图片数据和对应的类型标签,机器学习算法就可以自动学习画中花的种类。相同的算法也可以用于照片中人脸位置的检测、人物身份或姿态动作的识别等。可以看到,机器学习算法可以应用于不同的任务,而不需要为每种特定任务给出显式的编程指令。

机器学习算法是数据驱动的,从观察数据中建立模型并做出预测,而不需要太多人工操作。机器学习非常适合处理多类型数据的复杂问题。与传统的分析方法不同,机器学习

---

① CASIA Online and Offline Chinese Handwriting Databases (CASIA-OLHWDB), 详见 http://www.nlpr.ia.ac.cn/databases/handwriting/Online_database.html。

标签：鸢尾花　　　　　　　　　标签：向日葵

图 1.2　机器学习中的图像识别

依赖于样本数量。输入机器学习系统的数据越多，机器可以学习得越多，也可以得到更好的结果（见图 1.3）。因此，机器学习是大数据时代应对挑战和挖掘信息的理想方式。

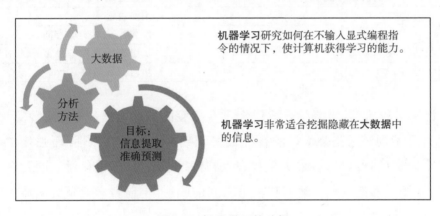

机器学习研究如何在不输入显式编程指令的情况下，使计算机获得学习的能力。

机器学习非常适合挖掘隐藏在**大数据**中的信息。

图 1.3　机器学习的动机

　　机器学习算法的一个核心目标是泛化已有的经验。这里的泛化是指基于对学习数据集的观察，算法能够在新数据集（测试数据集）上实现较高的识别准确率。需要注意的是，复杂的机器学习算法可以很容易地在训练集中实现较高的准确率。但由于存在过度拟合的风险，算法并不能保证在新数据上具有类似的表现。过度拟合现象通常是由于算法过于复杂，将噪声误读为真实信号，从而导致预测能力较差。因此，为了构建合适的机器学习算法，需要同时考虑模型复杂度和数据量。防止算法将噪声误读成真实信号，从而导致预测能力较差。

　　机器学习算法主要分为监督学习、无监督学习和强化学习①。

———————————
① 强化学习是半监督学习的一种。

□ 监督学习：通过学习带标签的训练数据，得到一个具有良好泛化能力的模型，可以较准确地预测新输入数据对应的输出。

□ 无监督学习：研究如何从没有标签的数据中学习到一个描述数据结构（数据分布）的函数。

□ 强化学习：是一种通过行为和奖赏来与环境产生交互，以取得最大化预期奖赏的学习算法。试错搜索和延迟奖赏是强化学习的两大特点。强化学习方法使代理可以自动寻找特定环境中的最优行为，从而最大化其性能。

表 1.1 总结了机器学习的类别和相应的金融应用。

表 1.1　机器学习的类别和金融应用示例

机器学习类别		金融应用示例
监督学习	回归	预测收益率
	分类	预测收益率变动方向
无监督学习	聚类分析	找出市场压力中最常见的信号
强化学习		学习交易策略

与监督学习相比，无监督学习适用于没有标签的训练数据。与这两种算法相比，强化学习的目标不同。无监督学习的目标是发现数据之间的相似性，而强化学习的目标是找到一个合适的行为模型，最大化代理获得的回报。另外，强化学习的目标与监督学习也不同，虽然两者都建立了输入和输出之间的映射，但监督学习不会从输入中学习最优行为。

在与交易相关的例子中，你能看到强化学习和监督学习的区别。发现市场信息与未来价格走势之间的关系是一个监督学习问题（见 5.4.7 节），而最优交易问题是找到一个最好的交易策略（行为），从而最大化最终财富（奖励），这属于强化学习。

近年来机器学习在应用方面取得了巨大的成功。硬件技术的进步使得机器学习算法存储、处理和分析大数据在实践中成为可能。机器学习的应用主要集中于监督学习和强化学习。这里列举了一些机器学习在实践中的应用。深度学习是一种流行的监督学习算法，目前已经在图像识别和语音识别等方面取得了突出的成果。

□ 监督学习：图像识别、语音识别 [LeCun et al., 2015] 和自然语言处理。

□ 强化学习：Atari 电子游戏 [Mnih et al., 2013] 和 AlphaGo[Silver et al., 2016]。

1.3 量化金融

1.3.1 金融数据的挑战

随着大数据时代的到来, 可用的实时金融数据集范围大幅增加, 包括从在线交易记录到高频限价单簿 (以特定价格买卖股票的订单) 等各种数据。由于低信噪比和复杂多模态等问题, 利用机器学习技术从这些金融数据流中提取信息非常具有挑战性。数据中的噪声可能会被误读为信号, 从而导致潜在的财务损失, 甚至引发金融危机[1]。

此外, 越来越多的非结构化数据体现出潜在的价值, 可以为金融服务提供有用的信息。例如金融新闻、地球卫星图像、投资论坛的聊天记录等, 这些数据也被称为替代数据。但是, 传统的统计分析方法无法有效地处理和分析这些非结构化数据。

而且一些金融数据可能在可用性方面受到限制。例如, 一些金融工具刚出现不久, 这可能导致复杂机器学习算法可使用的数据不足。最后, 金融数据可能是非平稳的。这意味着数据容易发生结构变化, 从而降低历史数据和预测的相关性 [Sirignano and Cont, 2018]。

1.3.2 机器学习的金融应用

近年来, 越来越多的金融公司开始使用机器学习方法以期在市场竞争中赢得优势。对冲基金逐渐抛弃传统的分析方法, 转而使用机器学习算法预测基金走势和选择投资组合。

Why Data Matters?[2] 一篇题为 *7 Ways Fintechs Use Machine Learning to Outsmart the Competition*[3] 的文章介绍了机器学习算法在金融领域中的各种成功应用。摩根大通的 COIN 系统是其中一个很好的例子, 它能够以智能化的方式完成合同审查工作。人类审查 12 000 个商业信用协议大约需要 360 000 个小时, 而 COIN 使用图像识别软件分析法律文件和合同, 可以在几秒内完成任务[4]。

随着可以获得的数据量越来越大, 金融领域的各种应用已经验证了使用机器学习可以更好地进行投资或业务决策, 人们也更加相信机器学习在金融领域的应用前景。机器学习

---

[1] 在阿兰·图灵研究所, 笔者主持了一个分析噪声数据的研究项目, 重点研究噪声数据在金融领域的应用。有兴趣的读者可以参阅 https://www.turing.ac.uk/research/research-projects/analysing-noisy-data-streams 了解这个项目的更多信息。

[2] 详见 https://www.jpmorgan.com/global/cib/research/investment-decisions-using-machine-learning-ai。

[3] 详见 https://igniteoutsourcing.com/fintech/machine-learning-in-finance/。

[4] 详见 https://www.independent.co.uk/news/business/news/jp-morgan-software-lawyers-coin-contract-in-telligence-parsing-financial-deals-seconds-legal-working-a7603256.html。

提供了一种适用于从个人数据 (例如新闻情绪、推特等) 到业务流程 (例如信用记录等) 的高效数据分析工具。

1.3.3 量化金融的未来

机器学习在未来逐渐应用于量化金融是一个必然的趋势。**可解释性、数据融合** (data fusion) **和硬件技术**是机器学习在量化金融领域的主要发展方向。

第一个重要的研究方向是黑盒算法的可解释性, 这是一个新兴的研究领域。对算法原理的研究可以使没有量化背景的人更加有信心地使用黑盒算法, 并运用自身擅长的领域知识检验算法产生的结果。第 5 章中介绍的神经网络是一种十分流行的黑盒算法。[Zhang and Zhu, 2018] 概述了近年来关于理解神经网络表示方法的研究进展。虽然深度神经网络在各种任务的预测方面表现出了优越的性能, 但可解释性是深度神经网络的薄弱环节。[Gunning, 2017] 总结了可解释的机器学习模型研究的最新进展, 其中包括机器学习算法的可视化, 这是未来一个很有前景的研究方向。机器学习在金融领域的广泛应用必须首先为投资者和监管者使用算法树立信心, 可解释的机器学习在这方面发挥着关键作用。

第二个重要的研究方向是设计高效的数据融合算法。金融数据通常是各种类型的, 如新闻数据、交易历史等。如何从各种类型的金融数据中提取有用的信息是研究的重点。

机器学习的发展离不开硬件和高性能计算的发展。大多数深度学习算法已经提出了几十年, 但由于技术条件的限制, 大部分算法的成功应用都在近几年才出现。未来的数据量将呈指数增长, 算法也将越来越复杂, 这就需要大规模的计算技术来满足计算的需求。第三个重要的研究方向是分布式系统和量子计算, 同时这也是一个潜力巨大的研究领域。

1.4 新一代宽客

网站 KNect365[①] 中一篇题为 *What should we be teaching the next generation of quants?*[②] 的文章很好地描述了新一代量化金融从业人员的技能要求, 这类从业人员被称为 "宽客" (quants)。

---

① 详见https://finance.knect365.com/。
② 详见 https://knect365.com/quantminds/article/9efba3f6-6271-4584-acac-4747d28235c5/what-should-we-be-teaching-the-next-generation-of-quants。

首先，宽客应该掌握的重要技能是扎实的数学和统计知识。这是宽客的必备技能。一般而言，宽客需要掌握随机微分、概率论和金融数学等知识。因此大多数公司要求宽客拥有数学、统计和物理等相关领域的博士学位。而在过去的十年中，计算机科学毕业的硕士生越来越受欢迎。预计未来金融业对机器学习专业人才的需求量会非常大。

其次，宽客应该掌握足够的金融市场知识。有人认为机器学习或人工智能可能会淡化特定领域中人类的作用。但目前的算法还远没有那么聪明。因此金融领域知识对于量化金融是必不可少的，领域知识不仅可以帮助确定什么是重要的问题，而且可以为量化方法提供指导。

再次，娴熟的编程技能对宽客也是至关重要的。C++ 是最重要的专业编程语言，通常用于高频交易。最近随着机器学习的兴起，Python 越来越受欢迎。 Python 提供了许多用于统计学习和数据分析的开源库，并且比 C++ 更加容易学习和使用。

最后是沟通技巧。一名优秀的宽客不仅要有强大的分析能力，而且需要具有良好的人际交往能力。未来的宽客需要与不同教育背景的人进行交流，并将业务需求与机器学习算法联系起来。随着机器学习的发展，越来越多的重复性工作将实现自动化，并最终被算法所取代（例如算法交易）。 但是金融市场的决策者仍然是人类，机器学习在实践中的成功应用依赖于宽客如何有效地向前台同事、客户和监管者解释算法提供的结果。

1.5　学习路线图

本书的学习路线图如图 1.4 所示。第 1 章介绍了机器学习的发展状况并概述了机器学习在金融中的应用。第 2 章介绍了监督学习的通用框架。第 3 章描述了线性回归模型 —— 普通最小二乘法以及正则化线性模型 —— 岭回归和套索回归。 在线性模型之后，将讨论非线性的回归和分类方法。第 4 章讨论了监督学习中的树模型，包括决策树、随机森林和梯度提升树。第 5 章重点介绍了三种主要的神经网络：人工神经网络、卷积神经网络和循环神经网络。

第 6 章和第 7 章介绍了无监督学习，主要包括聚类分析和主成分分析。第 8 章重点介绍了强化学习在投资组合优化中的应用。第 9 章介绍了一个金融案例研究，以一个流行的数据挑战项目为例，使用前几章介绍的机器学习方法预测违约风险，为读者提供解决实际数据问题的经验。

```
1. 机器学习的金融应用概述
2. 监督学习:
        ❑ 通用框架
        ❑ 线性回归和正则化
        ❑ 非线性回归(基扩展)
        ❑ 树模型:决策树、随机森林和梯度提升树
        ❑ 神经网络:人工神经网络、卷积神经网络和循环神经网络
3. 无监督学习:聚类分析和主成分分析
4. 强化学习
5. 金融案例研究
```

图 1.4　本书的学习路线图

　　每一章介绍了不同算法的数学原理,尽量简洁而严谨地表达每个算法背后的核心思想。并且在每个理论部分之后,以 Python 代码的形式展示数值实验的例子,从而帮助读者更好地理解机器学习算法,积累使用机器学习解决实际问题的经验。所有数值实验和生成图表的源代码都可以在本书的 GitHub[①]中下载。另外,本书将重点内容总结在方框中,方便读者当作记忆卡使用。

1.6　更多资源

　　机器学习领域有大量的学习教材和软件包可供使用。本节介绍一些有用的 Python 库、机器学习畅销书以及数据竞赛平台。

1.6.1　Python 库

本小节简要介绍几个在机器学习中广泛使用的 Python 库。

❑ NumPy。

❑ Pandas。

❑ Matplotlib。

❑ Scikit-Learn。

❑ Keras。

NumPy[②]是 Python 科学计算的一个基本库。NumPy 提供了强大的 N 维数组对象以

---

① 详见https://github.com/deepintomlf/mlfbook.git。
② 详见https://www.numpy.org/。

及高级（广播）函数工具,具有线性代数、傅里叶变换和随机数等功能。

Pandas[①]是一个开源库,它提供了高效易用的数据结构和分析工具,包括数值表和时间序列的便捷操作。用户可以快速地输入和读取数据,进行数据清洗和分析。

Matplotlib[②]是一个专门用于可视化的库,可以在跨平台的交互环境中绘制各种格式的高质量图表。

Scikit-Learn[③] 基于 NumPy、SciPy 和 Matplotlib 构建,提供了简单有效的数据分析工具,几乎包含了所有常用的机器学习算法模块。

Keras[④]是一个高级神经网络 API（Application Programming Interface,应用程序接口）,能够在 TensorFlow、CNTK 和 Theano 上运行,并且可以同时在 CPU 和 GPU 上运行。Keras的开发初衷是深度学习实验的快速实现。Keras 一个最大的优点是允许用户方便快速地构建深度学习模型,这对于初学者非常友好,他们在几分钟内就可以开始自己的第一个深度学习项目（例如使用 MNIST 数据集进行数字图像识别）。

1.6.2　图书与其他在线资源

机器学习的理论方法:

- ❏ Friedman, J., Hastie, T. and Tibshirani, R., 2001. *The elements of statistical learning.* New York: Springer series in statistics.

- ❏ Goodfellow, I., Bengio, Y., Courville, A. and Bengio, Y., 2016. *Deep learning (Vol. 1).* Cambridge: MIT press.

- ❏ Rasmussen, C. E. and Williams, C. K., 2006. *Gaussian process for machine learning.* MIT press.

机器学习的编程实践:

- ❏ Géron A., 2017. *Hands-on machine learning with Scikit-Learn and TensorFlow: concepts, tools, and techniques to build intelligent systems.* "O'Reilly Media, Inc."[⑤].

如果想增加机器学习的实践经验,唯一的方法就是自己动手实现机器学习算法的应用。Kaggle 和 Seedbank 是两个常用的数据科学和案例研究的在线平台。

---

① 详见https://pandas.pydata.org/。
② 详见https://matplotlib.org/。
③ 详见https://scikit-learn.org/stable/。
④ 详见https://keras.io/。
⑤ 书中代码示例详见: https://github.com/ageron/handson-ml。

Kaggle[1] 是谷歌旗下一个由数据科学家和机器学习爱好者组成的在线社区。用户可以在 Kaggle 上查找和发布数据集，在基于 Web 的数据科学环境中建立模型，与其他数据科学家和工程师交流合作，参加数据科学挑战和竞赛。此外，Kaggle 提供了一个良好的公共数据平台和便捷的云工作平台[2]。第 8 章中的金融案例研究就是一个 Kaggle 竞赛项目：预测个人贷款的违约风险。如果你参加了一个 Kaggle 竞赛项目，可以从其他参赛者分享的 kernel（Python 代码）中学到很多有用的东西，包括常用的数据清洗技巧、特征工程和集成方法等。

Seedbank[3] 提供了一系列交互式机器学习示例，被称为种子（seed）。例如，一个题为 Explaining the predictions of a black-box model with Shapley[4]的种子尝试预测能源价格，并介绍了如何使用 SHAP（Shapley Additive Explanations）解释托管在谷歌云（CMLE）上的黑盒模型的结果。Seedbank 提供的交互式机器学习示例基于 Google Colaboratory[5]。Google Colaboratory 是一个免费的 Jupyter 笔记本环境，完全在谷歌云中运行。Google Colaboratory 非常适用于协作项目，用户不需要设置 Python 版本，就可以直接进行多种操作，包括编写和执行代码、保存和共享文件、使用 Google 强大的计算资源等。

1.7　本书之外

本书介绍了各种机器学习算法，但由于篇幅限制，仍然有一些流行的机器学习算法在书中没有讨论。例如，书中没有讨论任何贝叶斯类型的算法。但是贝叶斯推断对于模型的不确定性非常重要，是值得认真学习和研究的。

除了常用的机器学习方法之外，还有一些更加复杂的方法。以下列出一些流行的代表方法。

- □ 生成对抗网络（Generative Adversarial Network, GAN）：最初由 Ian J. Goodfellow 等提出 [Goodfellow et al., 2014]。生成对抗网络是深度学习的一个重要模型，已经成功应用于风格迁移和图像编辑。生成对抗网络的潜力巨大，因为该网络可以学习和模

---

[1] 详见 https://www.kaggle.com/。
[2] 详见 https://en.wikipedia.org/wiki/Kaggle。
[3] 详见 https://research.google.com/seedbank/。
[4] 详见 https://research.google.com/seedbank/seed/shapley_notebook。
[5] 详见 https://colab.research.google.com/。

拟数据的任何分布, 而这使它能够生成与真实世界数据很像的仿真数据, 例如图像和语音等。WaveNet[①]就是一个原始音频的生成模型 [Van Den Oord et al., 2016]。

☐ 迁移学习（Transfer Learning）：研究如何存储解决一个问题时学习到的知识, 并将其应用于另一个不同但相关的问题。

☐ 流形学习（Manifold Learning）：流形是局部具有欧几里得空间性质的空间, 例如曲面。假设高维数据嵌入在欧几里得空间一个潜在的流形体上, 流形学习可以从高维采样数据中恢复低维流形结构, 因此提供了一种非线性的降维方法 [Ache and Warren, 2019]。

☐ 元学习（Meta Learning）：元学习的目标是"学会如何学习"（learn to learn）, 即利用已有的知识经验指导新任务的学习, 使机器具有学会学习的能力 [Thrun and Pratt, 2012]。

我们真诚地希望本书能够让读者掌握机器学习算法的理论基础, 并将其应用于解决现实世界中的实际问题。你在数据世界中的冒险才刚刚开始。

---

① 详见 https://deepmind.com/blog/wavenet-generative-model-raw-audio/。

第 2 章
监督学习

监督学习可以完成这样一类机器学习任务：根据给定的训练示例（一般是成对的输入和输出值），推导一个由输入映射到输出的函数。根据输出变量是否连续，监督学习任务可以被分为两种类型：

☐ 回归任务（连续值）。

☐ 分类任务（离散值）。

本章主要内容分为三部分。第一部分介绍回归任务的通用框架，并讨论回归任务的主要步骤，包括建立模型、确定损失函数、使用优化方法、预测和检验。第二部分将在回归任务的基础上，介绍分类任务的通用框架。第三部分将重点讨论集成多个模型进行监督学习的方法。

本章介绍监督学习框架。如果读者觉得这部分内容太过抽象，可以先阅读第 3 章关于线性回归的内容，将线性回归作为监督学习的一个具体例子，有助于对本章内容的理解。

2.1 回归任务框架

首先介绍一下回归任务的问题背景。给定数据集 $\mathcal{D} = \{(x_i, y_i)\}_{i=1}^{N}$，$\mathcal{D}$ 由一组输入输出对组成。(x_i, y_i) 表示第 i 个输入输出对（也被称为第 i 个样本），其中 x_i 被称为输入，y_i 被称为输出。每个输入样本 x_i 是一个 d 维向量，即 $x_i := (x_i^{(1)}, x_i^{(2)}, \cdots, x_i^{(d)}) \in \mathbf{R}^d$。

假设存在一个连续函数 f 使得以下等式成立：

$$y_i = f(x_i) + \varepsilon_i \tag{2.1}$$

其中，$x_i \in \mathbf{R}^d$，$y_i \in \mathbf{R}$。ε_i 是独立同分布且条件期望为 0 的随机变量，即 $\mathbf{E}[\varepsilon_i|x_i] = 0$。为表示方便，数据集 $\mathcal{D}$ 可以写成以下矩阵形式：

$$\boldsymbol{X} = \begin{pmatrix} x_1^{(1)} & x_1^{(2)} & \cdots & x_1^{(d)} \\ \vdots & \vdots & & \vdots \\ x_N^{(1)} & x_N^{(2)} & \cdots & x_N^{(d)} \end{pmatrix}, \quad \boldsymbol{Y} = \begin{pmatrix} y_1 \\ \vdots \\ y_N \end{pmatrix}$$

其中，$\boldsymbol{X}$ 是一个 $N \times d$ 矩阵；$\boldsymbol{Y}$ 是一个 $N \times 1$ 向量。

回归分析旨在解决以下两个重要的问题。

☐ 如果此时有一个新的输入 x^*，如何去预测对应的输出。在回归任务中，对应的数学表达是如何估计 y 的条件期望 $\mathbf{E}[y|x = x^*]$，即估计 $f(x^*)$，因此，f 也被称为期望函数。

☐ 在众多的估计量中，如何选择函数 f 的最优估计量，即使用什么指标评价估计量。

首先回答第一个问题。回归任务的目标是在数据集 $\mathcal{D} = (x_i, y_i)_{i=1}^N$ 满足式 (2.1) 的条件下，学习一个未知的固定函数 f。一个自然的想法是对函数 f 进行建模，用模型 f_θ 来描述这个未知的函数。θ 被称为模型的参数，模型 f_θ 由参数 θ 决定，这样回归任务的目标就转换为寻找最优的 θ。

其次回答第二个问题。为了找到最优的 θ，需要使用损失函数 Q_θ 描述模型的预测输出 $f_\theta(x)$ 与真实输出 y 的差别。在选择了损失函数之后，就可以计算经验风险 $L(\theta|\mathcal{D})$，最小化 $L(\theta|\mathcal{D})$ 的参数 θ^* 就是最优参数。多数情况下 θ^* 没有解析解，因此求解 θ^* 需要使用优化方法。在得到 θ^* 之后，就可以用 θ^* 进行预测。即对于任意新输入 x_*，输出 $\mathbf{E}[y_*|x_*]$ 的估计量由 $f_{\theta^*}(x_*)$ 给出。最后使用一些度量指标来评价模型的拟合优度，例如均方误差（MSE）和 R^2。

图 2.1 总结了监督学习的整个流程，包括**收集数据集**、**建立模型**、**选择损失函数**、**使用优化方法**、**预测和验证**这几个关键步骤。后面也会使用这种标准框架结构介绍各种监督学习算法，并在标准框架的基础上，在方框中分别总结每一种算法各自的框架。接下来详细介绍标准框架下的每一项内容，包括模型、损失函数、优化方法、预测和验证。

数据集：	$\mathcal{D} = \{(x_i, y_i)\}_{i=1}^N, \ \forall x_i \in \mathbf{R}^d。$
模型：	$f_\theta(x) \to \mathbf{E}[y|x] = f(x), \ \forall x \in \mathbf{R}^d。$
损失函数：	$L(\theta|\mathcal{D}) = \dfrac{1}{N}\sum_{i=1}^N d(f_\theta(x_i), y_i) \to \min。$
优化方法：	$\theta^* = \arg\min_\theta(L(\theta|\mathcal{D}))。$
预测：	$\hat{y}_* = f_{\theta^*}(x_*)。$
验证：	计算拟合优度指标。

图 2.1 回归任务框架

2.1.1 模型

本小节将介绍不同形式的回归模型, 包括线性模型和非线性模型。在回归问题中, 模型 f_θ 描述了输入和输出之间的函数关系。θ 是表示模型特征的参数, 唯一地刻画了函数 f_θ。为简单起见, 本小节仅考虑输出是标量 (1 维) 的情况。

从最简单的线性模型开始, 假设 $f_\theta : \mathbf{R}^d \to \mathbf{R}$ 是一个线性函数, 即对任意 $x = (x^{(1)}, x^{(2)}, \cdots, x^{(d)}) \in \mathbf{R}^d$,

$$f_\theta(x) = \theta^{\mathrm{T}} x = \sum_{j=1}^{d} \theta^{(j)} x^{(j)} \tag{2.2}$$

其中, $\theta = (\theta^{(1)}, \theta^{(2)}, \cdots, \theta^{(d)}) \in \mathbf{R}^d$ 是模型的参数。

线性模型的缺点是无法描述输入和输出变量之间复杂的函数关系。在实际问题中, 很多数据不具有线性关系, 因此非线性模型的使用十分常见。下面列出了几种重要的非线性模型:

☐ 多项式模型 (polynomial model)

$$f_\theta(x) = x\mu + x\Sigma x^{\mathrm{T}} \tag{2.3}$$

其中, $\theta = (\mu, \Sigma)$, $\mu \in \mathbf{R}^d$ 且 $\Sigma \in \mathbf{R}^d \times \mathbf{R}^d$。

☐ 样条模型 (spline model)

$$f_\theta(x) = \sum_{i=1}^{M} C_i (x - l_i)^+ \tag{2.4}$$

其中, $\theta = (l_i, C_i)_{i=1}^{M}$ 是模型参数。

☐ 回归树模型 (regression tree model)

$$f(x) = \sum_{m=1}^{M} c_m \boldsymbol{I}(x \in R_m) \tag{2.5}$$

其中, $\{R_1, R_2, \cdots, R_M\}$ 是输入空间中 M 个互不相交的区域。如图 2.2 所示, 树模型将变量按点分裂, 对输入空间进行划分, 从而形成树状的拓扑结构。第 4 章会详细讨论主要的树模型。

☐ 神经网络模型 (neural network models)

如图 2.3 所示神经网络包含各种不同的类型。第 5 章会详细介绍其中主要的神经网络结构。

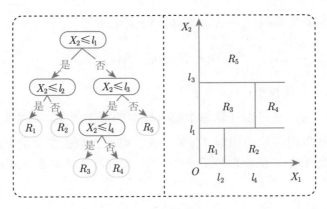

图 2.2　回归树

神经网络

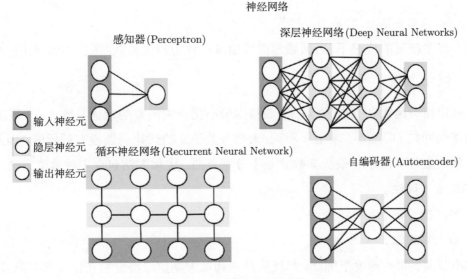

图 2.3　主要神经网络结构

2.1.2　损失函数

在统计学中, 损失函数又被称为成本函数。损失函数描述了模型的预测输出与真实输出之间的差别, 并且可以被用来进行参数估计。损失函数是关于模型参数的函数, 损失函数的值越小, 表示模型的预测输出与真实输出越接近, 此时对应的参数越优。

损失函数量化了模型为预测的不准确性付出的代价。在回归任务中, 最常见的损失函数是平方损失函数, 其定义为模型预测输出和真实输出之间差值的平方 (见定义 2.1)。

定义 2.1 (平方损失函数)　平方损失函数的定义为

$$Q_\theta(x,y) = (y - f_\theta(x))^2$$

其中, f_θ 表示参数为 θ 的模型。

定义损失函数之后, 就可以计算每个输入样本的损失函数。将数据集上所有样本的损失函数取平均值, 可以得到经验风险 $L(\theta|\mathcal{D})$, 表示模型在数据集上的平均损失。

定义 2.2 (经验风险)　经验风险 $L(\theta|\mathcal{D})$ 的定义为损失函数在所有样本上的平均值, 即定义为

$$L(\theta|\mathcal{D}) = \frac{1}{N}\sum_{i=1}^{N} Q_\theta(x_i, y_i)$$

其中, Q_θ 表示损失函数, $\mathcal{D} = (x_i, y_i)_{i=1}^{N}$。

在不产生歧义的情况下, 后面通常把经验风险称为损失函数, 两者不做详细区分。

2.1.3　优化方法

在确定损失函数 $L(\theta|\mathcal{D})$ 之后, 需要找到最小化损失函数的最优参数 $\hat{\theta}$。一般而言, 与标准的线性回归 (即最小二乘法) 不同, 大部分关于 $\hat{\theta}$ 的优化问题没有解析解。因此, 找到一种高效的数值算法求解最优参数 $\hat{\theta}$ 是十分重要的。优化方法包含多种数值方法:

❏ 梯度下降法。

❏ 梯度提升法。

❏ 最大期望法。

本小节主要讨论梯度下降法。梯度提升法和最大期望法将分别在第 4 章和第 6 章中介绍。首先介绍梯度下降法的思想和原理。批量梯度下降是一种基于梯度下降法、通过最小化损失函数进行参数估计的算法。其次会讨论梯度下降法的其他变体, 例如随机梯度下降和小批量梯度下降。这些算法会为优化过程带来随机性, 但能够有效降低数据量增大带来的计算成本, 因此被广泛应用于第 5 章中介绍的神经网络模型中。

梯度下降法

梯度下降 (Gradient Descent) 是一种一阶迭代优化算法, 用来求解使可微函数 $f(\theta)$ 到达局部极小值的最优参数 $\hat{\theta}$。梯度下降的主要思想是使用梯度逐步进行迭代, 从而找到函数的局部极小值。

想象这样一个场景: 在一个大雾天, 你在山顶迷路了。你无法看到下山的路, 只能感受到脚下地面的坡度, 此时快速下山的一个方法是一直沿着坡度最大的方向向下走。使用数学语言表达这个过程, 即希望找到一组收敛于局部极小值 θ^* 的序列 $(\theta_n)_{n=0}^{\infty}$, 即

$$\theta^* = \lim_{n \to \infty} \theta_n$$

$(\theta_n)_{n=0}^{\infty}$ 需要满足以下条件:

(1) 当 n 足够大时, $(f(\theta_n))_n$ 是一个非增序列。

(2) 当 $\lim_{n \to \infty} \theta_n = \theta^*$ 时,

$$\lim_{n \to \infty} \nabla f(\theta_n) = 0$$

如果 $\nabla L(\theta)$ 是连续的, 条件 (2) 表明

$$\nabla f(\theta^*) = \nabla f(\lim_{n \to \infty} \theta_n) = 0$$

即 $f(\theta^*)$ 是 f 的局部极小值。

在梯度下降算法中, 对于给定的 θ_n, 可以通过以下迭代公式更新 θ_{n+1}:

$$\theta_{n+1} = \theta_n - \eta \nabla L(\theta_n)$$

其中, $\theta = (\theta_1, \theta_2, \cdots, \theta_p) \in \mathbf{R}^p$, $\nabla L(\theta) = (\partial_{\theta_1} L(\theta), \partial_{\theta_2} L(\theta), \cdots, \partial_{\theta_p} L(\theta))$。$\eta > 0$, 且是一个常数, 被称为学习率, 后面内容会详细介绍。

下面解释为什么上述迭代公式满足条件 (1) 和条件 (2)。

(1) 当 η 足够小时, 由泰勒公式可得

$$L(\theta_{n+1}) - L(\theta_n) \approx \nabla L(\theta_n) \underbrace{(\theta_{n+1} - \theta_n)}_{-\eta \nabla L(\theta_n)} = -\eta (\nabla L(\theta_n))^2 \leqslant 0$$

因此, 对于整数 $N_0 > 0$, $(L(\theta_n))_{n \geqslant N_0}$ 是一个非增序列。

(2) 假设 $\{\theta_n\}$ 是一个收敛序列

$$\lim_{n \to \infty} \theta_{n+1} = \lim_{n \to \infty} \theta_n - \eta \lim_{n \to \infty} \nabla L(\theta_n) = \theta_* = \theta_* - \eta \lim_{n \to \infty} \nabla L(\theta_n)$$

可得 $\lim_{n \to \infty} \nabla L(\theta_n) = 0$。

梯度下降法又被称为**最速下降法**（steepest gradient descent）。接下来解释这个名字产生背后的原因。通过泰勒公式，可以得到

$$L(\theta) \approx L(\theta_0) + \nabla L(\theta_0)(\theta - \theta_0)$$

以上泰勒公式展开的近似 $L(\theta)$ 在最优方向上下降最快，即 $\nabla L(\theta_0)(\theta - \theta_0)$ 取得最小值。可以证明，在 θ_0 和 θ 之间距离是正数 η 的约束条件下，梯度方向 $\nabla L(\theta_0)$ 就是最优方向。用数学语言表达，即证明如果 θ^* 是以下约束优化问题的解

$$\hat{L}(\theta) := \nabla L(\theta_0)(\theta - \theta_0) \to \min \tag{2.6}$$

$$使得 ||\theta - \theta_0||_2 = \eta \tag{2.7}$$

则存在 $\lambda_* \in \mathbf{R}$，使得以下等式成立

$$\theta^* = \theta_0 - \lambda_* \nabla L(\theta_0)$$

其中，$\lambda_* = \dfrac{\eta}{||\nabla L(\theta_0)||_2}$。

证明 2.1 通过引入拉格朗日乘数，这个约束优化问题可以改写为无约束优化问题：

$$\tilde{L}(\theta, \lambda) = \nabla L(\theta_0)(\theta - \theta_0) - \lambda(||\theta - \theta_0||_2^2 - \eta^2) \to \min \tag{2.8}$$

其中，$\lambda \in \mathbf{R}$。

最优参数 (θ^*, λ^*) 满足

$$\nabla \tilde{L}(\theta^*, \lambda^*) = 0$$

因此，可以得到

$$\nabla L(\theta_0) - 2\lambda^*(\theta^* - \theta_0) = 0 \tag{2.9}$$

通过重新排列式 (2.9)，可以得到 θ^* 的公式如下：

$$\theta^* = \theta_0 + \frac{1}{2\lambda^*} \nabla L(\theta_0)$$

需要注意的是，λ^* 是一个标量，由 θ_0 出发的最优方向 θ^* 是沿梯度 $\nabla L(\theta_0)$ 的方向。证明剩下的部分就是找到标量 λ^*。式 (2.7) 保证了

$$||\theta^* - \theta_0||_2 = \frac{1}{2|\lambda^*|} ||\nabla L(\theta_0)||_2 = \eta \tag{2.10}$$

因此, 这表明 $2|\lambda|^* = \dfrac{1}{\eta}||\nabla L(\theta_0)||_2$。可以得到 $\lambda^* = \pm\dfrac{1}{2\eta}||\nabla L(\theta_0)||_2$。$\lambda^*$ 只有两种可能:$\dfrac{\eta}{2}\nabla L(\theta_0)$ 和 $-\dfrac{\eta}{2}\nabla L(\theta_0)$。可以得到

$$\hat{L}(\theta^*) = \begin{cases} \eta, & \lambda^* = \dfrac{1}{2\eta}\nabla L(\theta_0) \\ -\eta, & \lambda^* = -\dfrac{1}{2\eta}\nabla L(\theta_0) \end{cases} \tag{2.11}$$

优化目标是找到最小化 $\hat{L}(\theta)$ 的 θ^*。因此 $\lambda^* = -\dfrac{1}{2\eta}\nabla L(\theta_0)$,

$$\lambda_* = -\dfrac{1}{2\lambda^*} = \dfrac{\eta}{||\nabla L(\theta_0)||_2}$$

关于梯度下降算法的总结见图 2.4。

> **目标:**　寻找使可微函数 $L(\theta)$ 达到局部极小值的最优参数 θ^*。
> **算法:**　初始值 θ_0。
> For $n = 1 : N_e$,
> 　　$\theta_{n+1} = \theta_n - \eta\nabla L(\theta_n)$
> 　　其中, η 是学习率。
> **策略:**　构建序列 $\{\theta_n\}_{n\geqslant 0}$, 满足条件
> - $(L(\theta_n))_{n\geqslant N}$ 是一个递减序列, 即 $L(\theta_N) \geqslant L(\theta_{N+1}) \geqslant \cdots$。
> - $\lim\limits_{n}\nabla L(\theta_n) = 0$。
> 表明 $\{\theta_n\}_{n\geqslant 0}$ 收敛于局部极小值 θ_*。

图 2.4　梯度下降算法

学习率

学习率 (learning rate) 是梯度下降算法中一个重要的超参数 (hyperparameter)。这种模型之外的参数被称为超参数, 通常需要预先指定初始值。而模型中的参数可以从数据中训练得到, 例如 θ。大部分机器学习算法都需要超参数。

图 2.5(a) 和图 2.5(b) 表明, 在损失函数的优化过程中需要选择一个合适的学习率。如果学习率过小, $(\theta_n)_n$ 的收敛速度很慢; 如果学习率过大, $(\theta_n)_n$ 可能在两个山谷间来回跳跃, 导致序列无法收敛。

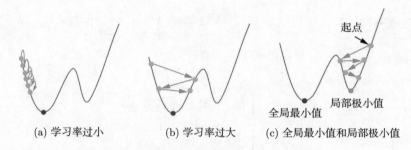

(a) 学习率过小   (b) 学习率过大   (c) 全局最小值和局部极小值

图 2.5   选择不同学习率后产生的影响

需要注意的是, 因为梯度下降算法无法保证收敛于全局最小值, 所以参数的初始值 θ_0 和学习率 η 就变得十分重要。如图 2.5(c) 所示, 梯度下降算法可能停留在某个局部极小值。在这种情况下, 较大的学习率可以帮助算法跳出局部极小值。

批量梯度下降

批量梯度下降（Batch Gradient Descent, BGD）是通过梯度下降法实现损失函数最小化的算法。批量梯度下降需要使用训练集所有样本计算梯度。损失函数 $L(\theta|\mathcal{D})$ 通常是加性形式（additive form）：

$$L(\theta|\mathcal{D}) = \frac{1}{N}\sum_{i=1}^{N} Q_\theta(x_i, y_i)$$

容易得到 $L(\theta|\mathcal{D})$ 关于 θ 的梯度为

$$\nabla_\theta L(\theta|\mathcal{D}) = \frac{1}{N}\sum_{i=1}^{N} \nabla_\theta Q_\theta(x_i, y_i)$$

关于批量梯度下降算法的总结见图 2.6。

目标：   寻找最小化 $L(\theta|\mathcal{D})$ 的最优参数 θ, $L(\theta|\mathcal{D}) = \frac{1}{N}\sum_{i=1}^{N} Q_\theta(x_i, y_i)$。

算法：   初始值 θ_0。
         对于 $n = 1:N_e$,

$$\theta_{n+1} = \theta_n - \eta\underbrace{\nabla L(\theta_n|\mathcal{D})}_{\text{梯度项}} = \theta_n - \eta\underbrace{\frac{1}{N}\sum_{i=1}^{N} \nabla_\theta Q_{\theta_n}(x_i, y_i)}_{\text{梯度项}}$$

策略：   使用梯度下降法优化经验损失函数。

图 2.6   批量梯度下降算法

梯度项的计算需要遍历数据集中的所有样本。遍历整个训练数据集的过程被称为一个时期（epoch）。因此，批量梯度下降在一个训练时期完成后才会更新模型。批量梯度下降的优缺点总结见图 2.7。

优　点

□ 模型的更新频率低，每一次迭代得到的梯度值比较稳定，因此，在一些问题中可以得到更加稳定的收敛序列。

□ 可以并行计算梯度项。

缺　点

□ 稳定的梯度值有时会导致模型提前收敛，因此得到的参数可能不是最优的。

□ 由于每个训练时期完成后都会更新一次模型，因此使用整个训练集的预测误差为模型带来了额外的复杂度。

□ 需要在内存中储存完整的训练数据集。对于大型数据集，模型更新速度非常慢。

图 2.7　批量梯度下降的优缺点

随机梯度下降

随机梯度下降（Stochastic Gradient Descent, SGD）是梯度下降算法的一个变体，算法对每个训练样本都会计算梯度并且更新模型。批量梯度下降和随机梯度下降的主要区别是每次迭代的更新规则：在随机梯度下降中，每次迭代都会在训练集中随机选择一个样本，计算 $L(\theta|\mathcal{D})$ 关于 θ 的梯度，并且更新一次模型。在每一次迭代中，给定 θ_n，通过以下公式更新 θ_{n+1}：

$$\theta_{n+1} = \theta_n - \eta_n \underbrace{\nabla_\theta Q_{\theta_n}(x_{i_n}, y_{i_n})}_{\text{随机梯度项}} \tag{2.12}$$

下标 i_n 是从 $\{1, 2, \cdots, N\}$ 中随机选取的数值。由于模型的更新依赖于随机选择的一个训练样本，因此这种算法被称为随机梯度下降。随机梯度下降也被称为在线机器学习算法。接下来介绍随机梯度下降的主要思想。在 2.1.2 节，定义损失函数

$$L(\theta|\mathcal{D}) = \frac{1}{N} \sum_{i=1}^{N} Q_\theta(x_i, y_i)$$

随机梯度下降从数据集中随机选择一个样本计算梯度。假设索引 $\{i_n\}_{n=1}^N$ 独立同分布，并且服从均匀分布。可以得到

$$\mathbf{E}_{x,y}[\nabla_\theta Q_\theta(x_{i_n}, y_{i_n})] = \nabla L(\theta|\mathcal{D})$$

其中，(x_{i_n}, y_{i_n}) 是经验分布 $(x_i, y_i)_{i=1}^{N}$ 中的样本。虽然在每次迭代中，随机梯度项并不是 $\nabla L(\theta|\mathcal{D})$，但随机梯度项的期望是 $\nabla L(\theta|\mathcal{D})$。根据蒙特卡洛方法的思想，随着迭代次数趋近正无穷，随机梯度项 θ_n 将会收敛于批量梯度下降的局部极小值。

随机梯度下降算法不能使用恒定的学习率，而需要选择一个合适的递减序列 $\{\eta_n\}_n$ 来不断调整学习率。如果至少有一个样本的梯度不为零，式 (2.12) 中的随机梯度项就无法收敛于 0。所以，为了确保 θ_n 收敛，迭代公式中的 η_n 必须收敛于 0。因此，在随机梯度下降中，学习率 η_n 是逐渐减小的。

关于随机梯度下降算法的总结见图 2.8。

目标： 寻找最小化 $L(\theta|\mathcal{D})$ 的最优参数 θ，$L(\theta|\mathcal{D}) = \dfrac{1}{N}\sum\limits_{i=1}^{N} Q_\theta(x_i, y_i)$。

算法： 初始值 θ_0。
对于 $n = 1 : N_e$，
从 $\{1, 2, \cdots, N\}$ 中随机选择索引 i_n，
$$\theta_{n+1} = \theta_n - \eta_n \underbrace{\nabla_\theta Q_{\theta_n}(x_{i_n}, y_{i_n})}_{\text{随机梯度项}}$$
其中，$\{\eta_n\}_n$ 是一个合适的递减序列。

策略： $\mathbf{E}_{x,y}[\nabla_\theta Q_\theta(x_{i_n}, y_{i_n})] = \nabla L(\theta|\mathcal{D})$
其中，(x_{i_n}, y_{i_n}) 是经验分布 $(x_i, y_i)_{i=1}^{N}$ 中的样本。

图 2.8 随机梯度下降算法

随机梯度下降算法中每次迭代的速度非常快。随机性可以帮助算法跳出局部极小值，但同样也使得算法难以准确到达全局最小值。随机梯度下降的优缺点见图 2.9。

优　点

☐ 模型的更新频率高，可以迅速观察到模型的表现和提升。

☐ 在一些问题中，高频率更新的模型学习速度更快。

☐ 模型的更新过程带有随机性，可以避免算法停留在局部极小值。

缺　点

☐ 高频率更新的计算成本非常大。对于大型数据集，训练模型所需的时间非常长。

☐ 高频率更新会产生带有噪声的梯度信号，可能会导致模型参数发生变化，进而导致模型误差产生跳跃 (在训练时期上的方差较大)。

☐ 梯度的不稳定导致算法难以到达全局最小值。

图 2.9 随机梯度下降的优缺点

小批量梯度下降

小批量梯度下降（Mini-batch Gradient Descent, Mini-batch GD）是梯度下降算法的另一个变体，通过将训练数据集分成多个小批量（Mini-batch），对每一小批量计算梯度并更新一次模型参数。小批量梯度下降可以看成批量梯度下降和随机梯度下降的结合。

小批量梯度下降将训练集数据分为 $N_b = N/b$ 个小批量，每个小批量的样本量为 b，每次更新模型只使用训练集的部分数据。当 $b = 1$ 时，就是随机梯度下降；当 $b = N$ 时，就是批量梯度下降。小批量梯度下降一般通过以下两步来创建批次：

步骤一：打乱原始数据集的样本顺序。

步骤二：将整个数据集分为 N_b 个不重合的小批量，每个小批量的样本量为 b。如果不能等分数据集，多余的样本自成一批。

创建 N_b 个小批量的数据后，对每个小批量应用批量梯度下降，直到遍历这一批量中的所有数据（这也被称为一个时期），重复 N_e 次这个过程。之后可以根据需要，选择将小批量上的梯度求和或平均值（进一步降低梯度的方差）。关于小批量梯度下降算法的步骤总结见图 2.10。

目标：　寻找最小化 $L(\theta|\mathcal{D})$ 的最优参数 θ，$L(\theta|\mathcal{D}) = \dfrac{1}{N} \sum\limits_{i=1}^{N} Q_\theta(x_i, y_i)$。

算法：　初始值 θ_0。

　　　　对于 $n = 1 : N_e$，

　　　　　　将数据集 $\mathcal{D}$ 随机分成 $N_b = \dfrac{N}{b}$ 个小批次，表示为 $(B_i)_{i=1}^{N_b}$。

　　　　　　每个小批次的样本量为 b。

　　　　　　对于 $j = 1 : N_b$，

$$\theta_{n+1} = \theta_n - \eta_n \underbrace{\frac{1}{b} \sum_{(x,y) \in B_j} \nabla_\theta Q_{\theta_n}(x, y)}_{\text{随机梯度项}}$$

　　　　其中，$\{\eta_n\}_n$ 是一个合适的递减序列。

策略：　结合批量梯度下降与随机梯度下降。

图 2.10　小批量梯度下降算法

小批量梯度下降是随机梯度下降的健壮性和批量梯度下降的有效性之间一个合适的

权衡。因此在深度学习中, 小批量梯度下降是参数估计最常用的优化方法。小批量梯度下降的优缺点总结见图 2.11。

<table>
<tr><td colspan="1">

优 点

□ 模型的更新频率高于批量梯度下降, 在保证健壮性的同时避免局部极小值。
□ 比随机梯度下降的计算更加高效。
□ 内存中无须储存全部训练数据。

缺 点

□ 引入一个新的超参数 b。
□ 与批量梯度下降一样, 梯度值必须累积才能更新模型。

</td></tr>
</table>

图 2.11 小批量梯度下降的优缺点

三种梯度下降方法的比较

在前面的小节中共讨论了三种类型的梯度下降方法:

□ 批量梯度下降。

□ 随机梯度下降。

□ 小批量梯度下降。

三种方法的主要区别在于: 计算梯度使用的样本量和模型更新的频率。关于三种方法的对比总结见表 2.1。从表中可以看到, 在梯度下降方法的计算效率和准确性之间存在着一种张力。图 2.12 描述了三种方法参数序列的收敛轨迹, 更多优化方法请有兴趣的读者参阅以下网址: http://ruder.io/optimizing-gradient-descent/。

表 2.1 三种梯度下降方法的比较

	批量梯度下降	随机梯度下降	小批量梯度下降
更新频率	低	高	中等
更新复杂度	高	低	中等
梯度准确度	高	低	中等
局部极小值	易停留	易跳出	易跳出
收敛难度	容易	难	难

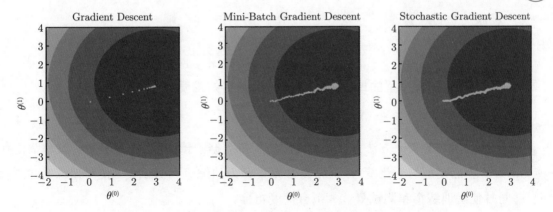

图 2.12　三种梯度下降方法参数序列 $(\theta_n)_n$ 的收敛轨迹比较

2.1.4　预测和验证

模型拟合优度的评价指标有很多种, 主要分为两类:

- 基于统计学的方法。
- 基于机器学习的方法。

基于统计学的方法

基于统计学的验证方法一般需要对残差做额外的概率假设。假设检验通过观察一组随机变量模型进行检验, 例如 p 值、R^2 和调整 R^2。

- p 值: 当原假设成立时, 要约统计量 (statistical summary) 与观察数据相等, 甚至是更极端的概率。越小的 p 值, 表明拒绝原假设的理由越充分。但 p 值无法衡量在原假设为真的情况下, 拒绝原假设的概率。

- R^2: 输出变量的方差中可以由输入变量解释的部分, 也被称为决定系数 (coefficient of determination)。

$$R^2 = 1 - \frac{\sum_{i=1}^{N}(y_i - x_i^{\mathrm{T}}\hat{\theta})^2}{\sum_{i=1}^{N}(y_i - \bar{y})^2} \tag{2.13}$$

其中, $\hat{\theta}$ 是线性模型的最优参数。

- 调整 R^2: 与 R^2 类似, 但同时考虑了模型参数的数量 (输入维度), 对较大的输入维度添加惩罚。

$$R_{adj}^2 = 1 - (1 - R^2)\frac{N - 1}{N - d - 1} \tag{2.14}$$

其中，$\hat{\theta}$ 是线性模型的最优参数；d 是输入数据的维度。

基于机器学习的方法

基于机器学习的验证方法主要关注模型对于新数据的预测能力。这种能力被称为泛化能力。为了验证模型的泛化能力，通常将数据集分为训练集和测试集。使用训练集建立模型，并同时使用训练集和测试集计算拟合优度指标。

模型完美拟合训练集通常并不是一件好事，因为训练集的数据包含随机的噪声。为了获得良好的泛化能力，模型应该将这一部分噪声过滤掉。一方面，如果选择了一个模型参数过多的复杂模型，模型可以在训练集上表现完美，同时拟合了训练集的噪声。这样的模型很可能在测试集上表现不佳。这是因为测试集的数据包含了新的噪声，导致模型预测能力降低。这类问题被称为**过拟合**（overfitting），即模型过度拟合了训练数据。过拟合是训练过程中一个非常重要的常见问题。

另一方面，如果选择了一个简单的模型，模型或许不足以描述输入与输出之间的复杂关系。这类问题被称为**欠拟合**（underfitting）。图 2.13 描述了模型训练过程中可能发生的拟合问题。

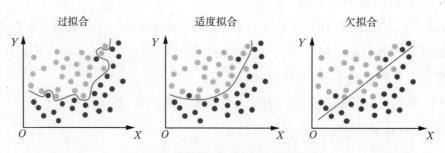

图 2.13　模型训练过程中的拟合问题

评价模型拟合优度的常用指标包括均方误差（Mean Squared Error, MSE）、R^2 和调整 R^2。

交叉验证与参数调整

正如之前介绍的，监督学习的最终目标是训练一个在新数据集上具有泛化能力的模型。

因此评价模型的预测能力是十分重要的,在实践中通常使用**交叉验证**(cross validation)完成。

模型评价的主要思想是将数据集分为训练集、验证集和测试集三部分。我们使用训练集训练模型,使用验证集(而不是训练集)评估训练得到模型的预测能力。最后选择在验证集上表现最优的模型作为最终模型,并在测试集上进行预测。但是,将数据集分成三部分可能导致训练样本不足。在这种情况下,通常使用 k 折交叉验证解决训练样本过少的问题。k 折交叉验证首先将训练集分成 k 折,并通过以下过程完成训练:

❑ 使用 $k-1$ 折训练模型;

❑ 使用剩余 1 折进行验证,计算模型表现的度量指标(如 MSE)。图 2.14 展示了 4 折交叉验证和参数调整示例。

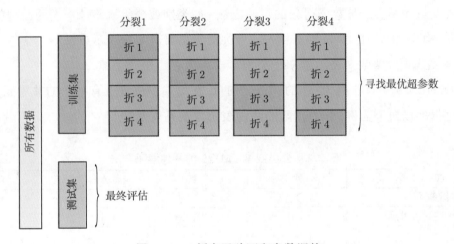

图 2.14　4 折交叉验证和参数调整

如果一个模型有多个超参数,可以使用 k 折交叉验证计算度量指标的平均值,并与**网格搜索**(grid search)相结合来选择最优超参数。网格搜索是一种穷举搜索法(exhaustive search method),需要预先指定超参数的可能值,并计算相应值的交叉验证得分来选择最优超参数。在确定最优超参数后,可以使用整个训练集重新训练模型,并在测试集上进行预测[①]。

交叉验证和网格搜索是模型评价和参数调整的标准方法,同时适用于回归任务和分类任务。因此,在 2.2 节的分类任务中不再重复讨论。

_____

① 有兴趣的读者请参阅 https://scikit-learn.org/stable/modules/cross_validation.html,查看如何使用 Scikit-Learn 实现交叉验证。

2.2 从回归到分类

2.2.1 分类变量

分类任务的框架和回归任务非常相似。给定一组输入输出对 $\mathcal{D} = \{(x_i, y_i)\}_{i=1}^{N}$，分类任务的目标是推断输入 x 和输出 y 之间的函数关系。但与回归任务不同的是，分类任务的输出是分类变量。换句话说，输出变量 y 只取有限个可能值 $\mathcal{Y}$。不失一般性，$\mathcal{Y} = \{1, 2, \cdots, n_o\}$，其中 n_o 表示可能的类别数量。根据类别数量的不同，回归任务又分为二分类任务（$n_o = 2$）和多分类任务（$n_0 \geqslant 2$）。

分类变量代表了一种数据得分的定性方法（如类别或分组）。例如，人的血型就是一个分类变量，有 A、B、AB 和 O 四种情况。分类变量主要有两种表示方法：

☐ 整数编码（整数 j 表示第 j 个类别）。

☐ One-hot 编码（长度为 n_o 的二进制向量，在第 j 个位置上有唯一的非零元素）。

这里仍然以血型为例，分类变量的两种表示方法见表 2.2。

表 2.2　分类变量（血型）的两种编码方法

血　　型	**A**	**B**	**AB**	**O**
整数编码	1	2	3	4
One-hot 编码	0001	0010	0100	1000

2.2.2 模型

由于分类任务的输出是分类变量，其数学描述与之前的回归任务稍有不同。分类任务的目标不是直接预测输出 y，而是估计给定输入 x 的条件下，输出为 y 的条件概率。模型 $f_\theta : E \to \mathbf{R}^{n_o}$ 描述了这个过程。对于任意 $(x, y) \in E \times \mathcal{Y}$，

$$(x, y) \mapsto f_\theta(x, y) \approx \mathbf{P}[Y = y | X = x]$$

其中，y 使用整数编码表示。

如果 $\bar{y}$ 表示类别 y 的 One-hot 编码，可得

$$f_\theta(x, y) = \langle f_\theta(x), \bar{y} \rangle$$

其中, $\langle \cdot, \cdot \rangle$ 表示两个长度为 n_o 的向量的内积; f_θ 被称为模型的概率输出。

首先我们要明白为什么在分类任务中不需要估计输出的条件期望。答案很简单, 因为条件期望没有意义。例如, 假设输出的条件分布是概率为 $(0.4, 0.2, 0.4)$ 的离散随机变量, 输出的条件期望取决于输出的数值大小。更重要的是, 条件期望通常不是一个有效的标签, 并不能告诉我们输出的最佳估计量。在分类任务中, 通常直接估计每个类别的条件概率。

2.2.3 损失函数和优化方法

与回归任务中使用平方损失函数不同, 分类任务一般使用交叉熵损失函数。在给定输入 x 的情况下, 交叉熵衡量了输出 y 的经验条件分布与模型估计的条件分布 $f_\theta(x)$ 之间的差异。对于具有相同支撑集 $\mathcal{Y}$ 的离散概率分布 p 和 q, 交叉熵的定义为

$$H(p, q) := -\sum_{j \in \mathcal{Y}} p(j) \log(q(j))$$

给定分布 p, 交叉熵 H 是 q 的函数, 并在 $q = p$ 时取得最小值。直观上看, 交叉熵 $H(p, q)$ 越小意味着两个分布越相似。因此, 当 q 与 p 同分布时, 交叉熵 H 最小。

定义 2.3 (交叉熵损失函数) 交叉熵损失函数 $Q_\theta : E \times \mathcal{Y} \to \mathbf{R}$ 的定义为

$$Q_\theta(x, y) = -y \log f_\theta(x)$$

其中, $x \in E$, y 是 $\mathcal{Y}$ 的 One-hot 编码; θ 是 f_θ 的模型参数。

将上述交叉熵损失函数在所有样本上进行评估并取平均值, 可以得到相应的经验交叉熵损失函数:

$$L(\theta | \mathcal{D}) = -\frac{1}{N} \sum_{i=1}^{N} y_i \log f_\theta(x_i)$$

另一种理解交叉熵的角度是最大似然估计 (Maximum Likelihood Estimation, MLE)。给定输入和输出观察值的情况下, 交叉熵等价于 θ 的负对数似然函数。

假设样本之间相互独立, 似然函数是输出的条件概率的乘积, 即

$$\prod_{i=1}^{N} \langle f_\theta(x_i), \bar{y}_i \rangle \to \max$$

将似然函数写成对数形式, 上述问题等价于

$$-\sum_{i=1}^{N} \log(\langle f_\theta(x_i), \bar{y}_i \rangle) = -\sum_{i=1}^{N} \langle \log(f_\theta(x_i)), \bar{y}_i \rangle \to \min$$

这正是交叉熵损失函数 $L(\theta|\mathcal{D})$ 的表达形式（见定义 2.3）。因此最小化交叉熵损失函数等价于最大化似然函数。由于损失函数是加性形式, 我们可以对样本进行并行计算。

下一步需要找到最小化 $L(\theta|\mathcal{D})$ 的最优参数 θ^*, 一般需要进一步假设 f_θ 连续并对 θ 可微, 然后使用 2.1.3 节中讨论的优化方法。

2.2.4　预测和验证

一旦确定最优参数 θ^*, 预测方法非常简单。对于新的输入数据 x_*, 预测输出是条件概率最高的标签, 即

$$\hat{y}_* = \arg\max_{j\in\mathcal{Y}} f_{\theta^*}^{(j)}(x_*)$$

最后选择评价模型拟合优度的指标。回归任务有多种度量指标, 例如准确率、混淆矩阵等。

准确率

在回归问题中, 模型 $f_{\theta^*}(x)$ 的维数是 n_o, 表示每个输出的估计条件概率。$\hat{Y}_{\text{prob}}$ 表示模型 f_{θ^*} 的输出概率矩阵 $(N \times n_o)$, 即

$$\hat{Y}_{\text{prob}} = (f_{\theta^*}(x_i))_{i=1}^N$$

其中, N 是样本量。

对于多分类任务, 准确率是最常用的度量指标之一, 其定义如下:

$$\sum_{i=1}^N \frac{\mathbf{1}(\hat{y}_i = y_i)}{N}$$

其中, $i \in \{1, 2, \cdots, N\}$, y_i 和 $\hat{y}_i$ 分别表示第 i 个样本的真实输出和预测输出。

混淆矩阵

另一种常用的度量指标是混淆矩阵。矩阵的列代表预测输出, 矩阵的行代表真实输出。混淆矩阵表示为 $M := (M_{j_1,j_2})_{j_1,j_2\in\mathcal{Y}}$, 矩阵元素 M_{j_1,j_2} 表示真实输出为 j_1、预测输出为 j_2 的样本数量。模型的预测能力越好, 矩阵 M 越对角占优。

归一化混淆矩阵表示为 $\hat{M} = (\hat{M}_{j_1,j_2})_{j_1,j_2\in\mathcal{Y}}$。与混淆矩阵类似, 矩阵元素 $\hat{M}_{j_1,j_2}$ 有如

下定义:

$$\hat{M}_{j_1,j_2} = \frac{M_{j_1,j_2}}{\sum\limits_{j_1 \in \mathcal{Y}} M_{j_1,j_2}}$$

其中 $\hat{M}_{j_1,j_2}$ 表示属于第 j_1 类的样本被识别为第 j_2 类的概率。模型的预测能力越好,矩阵 $\hat{M}$ 越接近单位矩阵。

二分类任务的其他度量指标

准确率是一个简单直观的度量指标,但是在一些情况下无法真实地评价模型。考虑以下这个非平衡问题,其中 90% 的标签是负类,只有 10% 的标签是正类。在这个例子中,我们构建一个对于任意输入,预测输出都是负类的分类器。即使这样一个最简单的分类器,也会得到很高的准确率,因为负例占了绝大多数,但显然这并不是一个有效的分类器。

接下来介绍二分类任务中常用的其他度量指标:精确率、召回率、PR 曲线和 ROC 曲线。为方便讨论,使用类别 1 表示负类,类别 2 表示正类。如表 2.3 所示,二分类任务的混淆矩阵 $\boldsymbol{M} = (M_{j_1,j_2})_{j_1,j_2 \in \{1,2\}}$ 是一个 2×2 矩阵,其中:

❏ 真正例 (TP, $M_{2,2}$): 真实标签为 2,预测标签为 2 的样本数量。
❏ 假正例 (FP, $M_{1,2}$): 真实标签为 1,预测标签为 2 的样本数量。
❏ 真负例 (TN, $M_{1,1}$): 真实标签为 1,预测标签为 1 的样本数量。
❏ 假负例 (FN, $M_{2,1}$): 真实标签为 2,预测标签为 1 的样本数量。

表 2.3　二分类任务的混淆矩阵

真实标签	预测标签	
	类别 1(负例)	类别 2(正例)
类别 1(负例)	$M_{1,1}$(真负例)	$M_{1,2}$(假正例)
类别 2(正例)	$M_{2,1}$(假负例)	$M_{2,2}$(真正例)

在二分类任务中,**精确率**(precision)定义为所有预测标签为正的样本中真正例的百分比,即

$$精确率 = \frac{\mathrm{TP}}{\mathrm{TP} + \mathrm{FP}}$$

召回率(recall)也被称为敏感性(sensitivity)或真正例率(True Positive Ratio, TPR),

定义为所有真实标签为正的样本中真正例的百分比, 即

$$召回率 = \frac{\text{TP}}{\text{TP} + \text{FN}}$$

从以上定义可以看出, 获得高召回率的一个简单方法是将所有的样本都预测为正例, 这样就能得到 100% 的召回率。因此召回率一般与精确率一起使用。召回率越高, 表明真正例越多, 模型的表现越好。但是增加召回率会降低精确率, 反之亦然, 因此两者之间需要权衡。

基于精确率和召回率的概念, 接下来介绍**PR 曲线**（Precision-Recall curve）。对一个二元分类器来说, f_{θ^*} 通常是一个连续函数, 对每个可能的输出类别给出一个预测概率（也称为得分）。通常选择得分最高的类别标签作为输出。还有一种方法是给定阈值 t, 使用以下等式作为输出的估计值:

$$\hat{y} = \begin{cases} 1, & f_{\theta^*}(x) > t \\ 2, & f_{\theta^*}(x) \leqslant t \end{cases} \tag{2.15}$$

通过改变阈值 t, 可以计算相应的精确率和召回率, 从而得到 PR 曲线。

ROC 曲线（Receiver Operating Characteristic curve）是二分类任务中另一种重要的度量指标。与 PR 曲线相似, 通过改变阈值 t, ROC 曲线是一条表示真正例与假正例的曲线。AUC（Area under the ROC Curve）衡量了 ROC 曲线下的面积, 由线段 $(0,0)$ 到 $(1,0)$ 和 $(1,0)$ 到 $(1,1)$ 围成的整个 2 维区域。

2.2.5 数值实验

接下来以识别数字图像 8 这样一个二分类任务作为例子, 使用逻辑回归训练分类器, 并使用 Scikit-Learn 计算之前介绍的所有度量指标来评价分类器的表现。

这里使用 MNIST[①]数据集进行数值实验。该数据集由数字 0~9 的图像组成, 其中输入数据是黑白图像, 输出是输入图像中的数字。现在的任务是判断一张输入图片中的数字是不是 8, 因此需要构建一个二元分类器。类别 1 代表 "数字非 8", 类别 2 代表 "数字 8"。训练数据集总共有 60 000 个样本, 其中只有 5851 个数字 8 的样本。这个例子中负例的数量远远大于正例, 因此这是一个类别不平衡问题。图 2.15 左边展示了前 15 个样本的预测概率, 每一行的和为 1。第二列代表预测标签为 2 的概率。右边展示了预测的输出标签。

---

① 详见 http://yann.lecun.com/exdb/mnist/。

	conditional probability estimator	
	class 1(non 8)	class 2(digit 8)
0	0.999929	0.000071
1	0.999096	0.000904
2	0.999970	0.000030
3	0.877981	0.122019
4	0.999048	0.000952
5	0.982514	0.017486
6	0.993879	0.006121
7	0.918145	0.081855
8	0.962651	0.037249
9	0.993038	0.006962
10	0.995717	0.004283
11	0.345118	0.654882
12	0.999995	0.000005
13	0.999986	0.000014
14	0.931200	0.068800

	estimated output
	class 1(non 8)
0	False
1	False
2	False
3	False
4	False
5	False
6	False
7	False
8	False
9	False
10	False
11	True
12	False
13	False
14	False

图 2.15　前 15 个样本的预测输出

首先使用函数 confusion_matrix() 得到测试集的混淆矩阵。

```
1  from sklearn.metrics import confusion_matrix
2  # Y_test和y_test_est分别表示真实标签和预测标签
3  cm = confusion_matrix(Y_test, y_test_est)
```

可以得到混淆矩阵

$$\begin{bmatrix} 8810 & 216 \\ 319 & 655 \end{bmatrix}$$

接下来继续使用 Scikit-Learn 中的函数分别计算准确率、精确率和召回率, 也可以根据混淆矩阵, 直接使用公式计算。

```
1  from sklearn.metrics import accuracy_score, precision_score, recall_
     score
2  acc = accuracy_score(Y_test, y_test_est)
3  precision = precision_score(Y_test, y_test_est)
4  recall = recall_score(Y_test, y_test_est)
```

$$准确率 = \frac{TP + TN}{TP + FN + TN + FP} = \frac{8810 + 655}{10000} = 0.9465$$

$$精确率 = \frac{TP}{TP + FP} = \frac{655}{216 + 655} = 0.7520$$

$$召回率 = \frac{TP}{TP + FN} = \frac{655}{319 + 655} = 0.6725$$

从以上结果可以看到, 94.65% 的准确率看起来非常好, 但如果考虑精确率和召回率, 预测结果就没有那么好了。

接下来继续使用 Scikit-Learn 和 Matplotlib 绘制评价曲线（见代码列表 2.1 和代码列表 2.2）。图 2.16 和图 2.17 分别展示了 PR 曲线和 ROC 曲线。在这个例子中, AUC 得分 0.9423, 代表了 ROC 曲线下青色阴影区域的面积。

代码列表 2.1　绘制 PR 曲线

```
1  import matplotlib.pyplot as plt
2  from sklearn.metrics import precision_recall_curve
3  precisions, recalls, thresholds = precision_recall_curve(Y_test, y_
     test_prob_est[:,1])
4  plt.plot(precisions, recalls, 'b')
5  plt.xlabel('precision', fontsize=14)
6  plt.ylabel('recall', fontsize=14)
7  plt.title('PR Curve')
8  plt.axis([0, 1, 0, 1])
```

代码列表 2.2　计算 ROC 和 AUC 得分并绘制 ROC 曲线

```
1  from sklearn.metrics import roc_curve, roc_auc_score
2  fps, tps, thresholds = roc_curve(Y_test, y_test_prob_est[:,1])
3  roc_auc_score_train = roc_auc_score(Y_test, y_test_prob_est[:,1])
4  print('roc auc score = {}'.format(roc_auc_score_train))
5  plt.plot(fps, tps, 'b')
6  plt.xlabel('false positive rate', fontsize=14)
7  plt.ylabel('true positive rate', fontsize=14)
8  plt.title('ROC Curve')
9  plt.axis([0, 1, 0, 1])
10 plt.fill_between(fps, 0, tps, facecolor='lightblue', alpha=0.5)
11 plt.text(0.5, 0.8, ' auc = '+str(round(roc_auc_score_train, 4)),
     fontsize=14)
12 plt.annotate("", xy=(0.3, 0.7), xycoords='data', xytext=(0.5, 0.8),
     textcoords= 'data', arrowprops=dict(arrowstyle="->",
     connectionstyle="arc3"), )
```

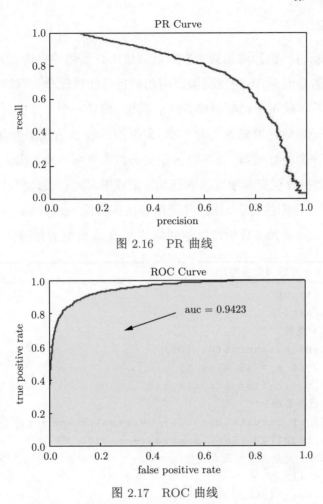

图 2.16　PR 曲线

图 2.17　ROC 曲线

提示 2.1　如果正例的数量远远少于负例, 并且假正例更加重要, 此时应该选择 PR 曲线。例如, 通过之前例子的 ROC 曲线以及 AUC 得分, 你可能会认为这个二元分类器非常有效。但这主要是因为正例数量较少。

2.3　集成方法

三个臭皮匠, 顶个诸葛亮。在机器学习中也存在类似的原理。看到这里你可能会问, 聚合不同学习算法的预测器是否比单独使用任何一种学习算法具有更好的预测能力? 在大多数情况下, 答案是肯定的。集成学习可以解决这个问题。

2.3.1　集成原理

集成的意思是指将一组预测器聚合在一起（如所有预测的平均值），给出最终的预测值。使用集成方法的原因是，不同预测器预测相同目标变量比单一预测器的表现更好。

这里使用一个简单的例子说明集成方法的思想。假设一个二分类问题的所有样本标签都是 2。现在仅有一个 55% 准确率的分类器，即返回标签 2 的概率为 0.55。首先在代码列表 2.3 中定义这样一个弱分类器，其表现仅仅比随机猜测强一点。那么在不引入新学习器的情况下，如何才能提升现有弱学习器的性能？集成学习可以帮助解决这个问题。可以集合多个（如 1000 个）相同的弱学习器，并使用多数投票法（majority vote）决定这 1000 个学习器的预测类别。如果大多数学习器返回标签 2，集成模型的预测标签就是 2。

代码列表 2.3　定义弱分类器和集成模型

```
1   import numpy as np
2   def weak_learner():
3       '''定义弱分类器'''
4       n = np.random.randint(0, 100)
5       return (2 if n >=45 else 1)
6   def majority_voting(results:list):
7       '''定义多数投票法'''
8       return (2 if results.count(2) >= results.count(1) else 1)
9   def ensemble_model(learner, num_learners=1000):
10      '''定义1000个弱分类器的集成模型'''
11      all_res = []
12      for i in range(num_learners):
13          res = learner()
14          all_res.append(res)
15      return majority_voting(all_res)
```

在代码列表 2.4 中，我们模拟了 10 000 个样本。可以看到一个弱学习器的准确率接近 55%，完全符合问题的设定。然后你会发现 1000 个弱学习器的集成模型竟然可以实现接近 100% 的准确率！这个结果令人印象深刻。

代码列表 2.4　模拟单个弱分类器和集成模型的准确率

```
1   # 模拟10000个样本
2   num_samples = 10000
3   all_weak_learner_res = []
```

```
4   all_ensemble_model_res = []
5   for i in range(num_samples):
6       weak_learner_res = weak_learner()
7       ensemble_model_res = ensemble_model(weak_learner)
8       all_weak_learner_res.append(weak_learner_res)
9       all_ensemble_model_res.append(ensemble_model_res)
10  #计算准确率
11  weak_learner_acc, ensemble_model_acc = all_weak_learner_res.count(2)/
        num_samples , all_ensemble_model_res.count(2)/num_samples
```

图 2.18 展示了不同学习器数量的集成模型的准确率。随着学习器数量的增多,准确率逐渐增加。从以上例子可以看出,集成方法可以将弱学习器转换为强学习器,从而大幅提高准确率。由于实际应用中的问题设定更加复杂(如多分类和回归问题),集成方法的提升效果可能不会像上述例子中那么显著,但集成学习仍然是最流行的模型选择方法。

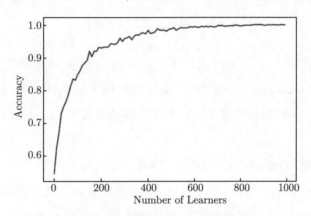

图 2.18　不同学习器数量的集成模型的准确率

2.3.2　同质集成法

根据弱学习器的类型,可以将集成方法分为两类。

❑ 同质弱学习器(相同的基学习器)集成:

　❑ Bagging/Pasting。

　❑ Boosting。

❑ 异质弱学习器(不同的基学习器)集成:

　❑ Stacking。

如图 2.19 所示,同质弱学习器集成方法可以进一步分为以下两种主要类型:

- 对每个学习器使用相同的训练算法,但每次随机选择一个子集进行训练。在这种情况下,通常使用简单平均、加权平均或多数投票等方法聚合多个预测结果。
- 将每个学习器按顺序组合成最终的学习器,这被称为提升(Boosting)。

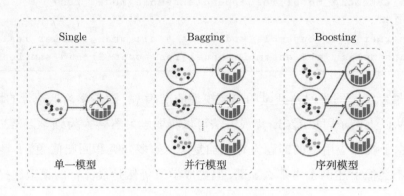

图 2.19　同质弱学习器集成方法

第一类方法通常聚合多个不相关的学习器,通过减少方差来减少误差。Bagging [1] [Breiman, 1996] 和 Pasting[Breiman, 1999] 是这类集成方法的两个代表。Bagging 每次随机选择训练集的一个子集作为模型输入,并且可以将样本放回。Pasting 采用同样的做法选择样本,但不能放回。

接下来介绍折外(Out-of-Folds, OOF)预测。这也是第一类集成方法。折外预测是学习过程中 k 折交叉验证的一个步骤。每折的预测被聚合成一组预测,这些预测现在是"折外"的,因此可以用来计算模型拟合优度的度量指标。如图 2.20 所示,折外预测由以下步骤组成,算法 1 给出了折外预测的算法。

(1) 将数据集划分为训练集和测试集。

(2) 在训练集中使用 k 折分层交叉验证,得到 k 个预测模型。

(3) 在测试集上评估每个预测模型,每个测试集样本得到 k 个预测值。

(4) 对 k 个预测值取平均值(方法 A),最终得到测试集的预测值。

第二类方法是提升算法。提升算法的核心思想是根据之前预测器的误差更新下一个预测器。因为新的预测器基于之前预测器的误差进行学习,所以提升算法只需要较少的迭代

---

① Bootstrap aggregating 的缩写。

次数。在这种情况下, 设置一个合适的停止条件非常重要。如果停止条件选择不当, 很容易导致过拟合。

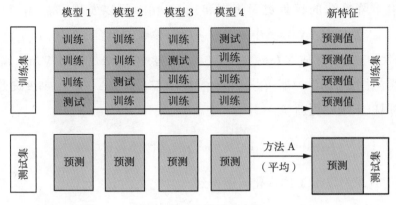

图 2.20　折外预测过程

算法 1　折外预测算法

1: **输入**: $\mathcal{D} = (X_{\text{train}}, Y_{\text{train}})$, X_{test}, k。
2: 将训练集分为 k 折, 即 $\mathcal{D}_1, \mathcal{D}_2, \cdots, \mathcal{D}_k$。
3: 设置 $\hat{Y}_{\text{test}} = 0$。
4: **for** $i = 1 : k$ **do**
5: 　使用数据集 $\mathcal{D}/\mathcal{D}_i$ 训练模型, 得到模型 T_i。
6: 　使用模型 T_i 得到测试集预测值 $\hat{Y}^{(i)}$。
7:

$$\hat{Y}_{\text{test}} = \hat{Y}_{\text{test}} + \hat{Y}^{(i)}$$

8: **end for**
9: 取平均值得到最终预测值 $\hat{Y}_{\text{test}}$:

$$\hat{Y}_{\text{test}} = \frac{\hat{Y}_{\text{test}}}{k}$$

10: **输出**: $\hat{Y}_{\text{test}}$。

梯度提升 (Gradient Boosting) 是提升算法的一个例子[①]。本小节接下来介绍梯度提升法。梯度提升法是梯度下降算法的一个变体, 可以聚合弱学习器以得到更好的梯度估计, 并且构建最终学习器得到更好的预测结果。

算法的优化目标仍然是最小化损失函数 $L(\theta|(X, Y))$。梯度提升法使用弱学习器作为基学习器, 构建一系列学习器 $(f_m)_{m=1}^{M}$, 并根据以下规则更新 f_m:

$$f_m = f_{m-1} + \gamma_m h_m \tag{2.16}$$

---

① 详见 https://medium.com/mlreview/gradient-boosting-from-scratch-1e317ae4587d。

其中, $h_m \in \mathcal{H}$ 表示一组基学习器; $\gamma_m \in \mathbf{R}$ 是一个常数。在这种情况下, f_m 是一个加性模型(additive model)。当 m 增加 1 时, f_m 增加模型参数 h_m。

比较梯度下降算法的权重更新规则和式 (2.16), 可以发现 h_m 相当于梯度项, 即 $\nabla L(\theta|(X,Y)) := \nabla L(Y, f_M(X))$, 其中 θ 是 f_M 所有参数的集合。但因为 $(h_j)_{j=m}^M$ 是未知的, 在第 m 次迭代中, 无法评估 $\nabla L(\theta|(X,Y))$。一个自然的想法是使用 $\nabla L(Y, f_{m-1}(X))$ 近似表示实际梯度。并且用基学习器 h_m 来拟合梯度项 $\nabla L(Y, f_{m-1}(X))$。梯度提升算法在第 m 次迭代时, 使用以下规则更新 f_m:

$$f_m(x) = f_{m-1}(x) - \gamma_m \nabla_{f_{m-1}} L(y, f_{m-1}(x)) \tag{2.17}$$

γ_m 可以通过求解以下 1 维优化问题得到

$$\gamma_m = \arg\min_{\gamma} L(y - f_{m-1}(x)) - \gamma \nabla_{f_{m-1}} L(y, f_{m-1}(x))$$

梯度提升算法见算法 2。

算法 2　梯度提升算法

1: **输入**: $(x_i, y_i)_{i=1}^N$。

2: 初始值 f_0。常数 γ_0 由以下公式给出:

$$\gamma_0 = \arg\min_{\gamma} L(y - \gamma)$$

3: **for** $m = 1 : M$ **do**

4: 　**for** $i = 1 : N$ **do**

5: 　　使用以下公式计算残差

$$r_{im} = \left[\frac{\partial L(y_i, f(x_i))}{\partial f(x_i)} \right]_{f = f_{m-1}}$$

6: 　**end for**

7: 　使用一个基学习器 h_m 拟合数据 $(x_i, r_{im})_{i=1}^n$ 和目标值 r_{im}。

8: 　求解 1 维优化问题

$$\gamma_m = \arg\min_{\gamma} \sum_{i=1}^n L(y_i, f_{m-1}(x_i) + \gamma h_m(x_i))$$

9: 　使用以下公式更新 f_m:

$$f_m(x) = f_{m-1}(x) + r_m h_m(x)$$

10: **end for**

11: **输出**: f_M。

在使用平方损失函数的回归问题中, 梯度项可以简化为残差的形式:

$$\nabla_f L(y, f(x)) = 2(y - f(x))$$

在这种情况下, h_m 可以通过学习前一个预测器 f_{m-1} 的残差, 修正误差项。

2.3.3　异质集成法

Stacking 是一种异质弱学习器集成方法, 使用多种不同类型的基学习器建立一个元模型（meta-model）。Stacking 的主要思想是使用每个模型的预测值作为新的输入, 学习预测值与输出之间的关系。

如图 2.21 所示, Stacking 的过程由以下步骤组成:

(1) 将数据集划分为训练集和测试集。

(2) 在训练集中使用 k 折分层交叉验证。每个训练集样本只在验证集中出现一次, 因此, 将验证集的预测值添加为一个新特征。

(3) 重复上述步骤建立 n 个模型。

(4) 使用新特征（也可以选择原始输入）作为训练集的输入以建立一个元模型。

(5) 使用元模型对测试集进行预测（方法 B）。

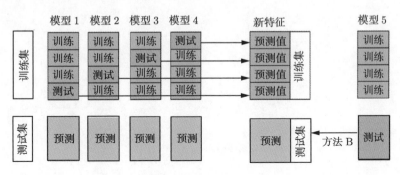

图 2.21　Stacking

最后, 图 2.22 总结了三种主要的集成方法。

- Bagging是一种同质集成方法。使用有放回抽样随机选择训练集的子集, 并通过平均或投票的方法聚合多个学习器的预测结果。
- Boosting是一种同质集成方法。按照序列的方式构建模型（后一个基学习器依赖于前一个基学习器）, 并通过平均或多数投票的方法聚合多个学习器的预测结果。
- Stacking是一种异质集成方法。按照并行的方式构建模型, 通过训练一个元模型以聚合多个学习器的预测结果。

图 2.22　三种集成方法总结

2.4　练习

1. 什么是监督学习问题?
2. 预测股票未来价格是回归问题吗?
3. 回归问题中常用的损失函数是什么?
4. 交叉熵的定义是什么?
5. 什么是分类变量?
6. 回归问题和分类问题的区别是什么?

第 3 章
线性回归和正则化

本章将聚焦线性回归问题, 并介绍在监督学习的框架下如何进行模型的拟合。首先介绍最简单的线性模型 —— 普通最小二乘法（Ordinary Least Square, OLS）, 接着讨论普通最小二乘法的延伸 —— 正则化线性模型。

3.1 普通最小二乘法

3.1.1 公式推导

在回归任务中, 普通最小二乘法是最简单的线性模型, 目前已经被广泛应用于经济、政治、工程等各个领域。在普通最小二乘法中, 输入 x 和输出 y 满足以下等式

$$y = x\theta + \varepsilon \tag{3.1}$$

其中, θ 是未知的模型参数; ε 是条件期望为 0 的噪声项。在普通最小二乘法中, 损失函数是残差的平方和

$$L(\theta|X, Y) = \sum_{i=1}^{N}(y_i - x_i\theta)^2 = (Y - X\theta)^{\mathrm{T}}(Y - X\theta)$$

提示 3.1 带有非零截距项的线性模型有如下形式

$$y = \theta_0 + x\theta + \varepsilon$$

上式可以改写成

$$y = \tilde{x}\tilde{\theta} + \varepsilon$$

其中, $\tilde{\theta} = (\theta^0, \theta)$, $\tilde{x} = (1, x)$。

接下来首先简要介绍下普通最小二乘法和最大似然估计的联系。在残差服从正态分布的假设下，普通最小二乘法的损失函数与线性模型的最大对数似然估计量一致。假设残差项 $(\varepsilon_i)_{i=1}^{N}$ 独立同分布，服从均值为 0、条件方差为常数的正态分布。在这种情况下，最小化普通最小二乘法的损失函数等价于最大化输出 $(y_i)_{i=1}^{N}$ 的对数似然函数。

普通最小二乘法最大的优点是可以得到最优参数 θ 的解析解 $\hat{\theta}$。通过矩阵运算，容易求得 $\hat{\theta}$ 的公式。

引理 3.1 (普通最小二乘法估计量) 给定数据集 $\mathcal{D} = (\boldsymbol{X}, \boldsymbol{Y})$，假设 $\boldsymbol{X}^{\mathrm{T}}\boldsymbol{X}$ 的逆矩阵存在，在普通最小二乘法中，最优参数 $\hat{\theta}$ 的解析解为

$$\hat{\theta} = (\boldsymbol{X}^{\mathrm{T}}\boldsymbol{X})^{-1}\boldsymbol{X}^{\mathrm{T}}\boldsymbol{Y} \tag{3.2}$$

证明 3.1 普通最小二乘法的损失函数有如下形式：

$$\begin{aligned} L(\theta|\boldsymbol{X}, \boldsymbol{Y}) &= (\boldsymbol{Y} - \boldsymbol{X}\theta)^{\mathrm{T}}(\boldsymbol{Y} - \boldsymbol{X}\theta) \\ &= \boldsymbol{Y}^{\mathrm{T}}\boldsymbol{Y} - 2\theta^{\mathrm{T}}\boldsymbol{X}^{\mathrm{T}}\boldsymbol{Y} + \theta^{\mathrm{T}}\boldsymbol{X}^{\mathrm{T}}\boldsymbol{X}\theta \end{aligned} \tag{3.3}$$

式 (3.3) 的推导过程使用了 $\boldsymbol{Y}^{\mathrm{T}}\boldsymbol{X}\theta = (\boldsymbol{X}\theta)^{\mathrm{T}}\boldsymbol{Y}$，因为等式两边的运算结果都是标量，而标量的转置是自身。需要注意的是，普通最小二乘法的损失函数是一个关于 θ 的二次函数，因此是一个凸函数，从而保证了全局最小值的存在性和唯一性。损失函数 $L(\theta|\boldsymbol{X}, \boldsymbol{Y})$ 关于 θ 可微，因此最优参数 $\hat{\theta}$ 应该满足 $L(\theta|\boldsymbol{X}, \boldsymbol{Y})$ 在 $\theta = \hat{\theta}$ 这一点的导数为 0，即

$$\frac{\partial L(\theta|\boldsymbol{X}, \boldsymbol{Y})}{\partial \theta}\Big|_{\theta=\hat{\theta}} = 0$$

根据式 (3.3)，可得

$$\frac{\partial L(\theta|\boldsymbol{X}, \boldsymbol{Y})}{\partial \theta} = -2\boldsymbol{X}^{\mathrm{T}}\boldsymbol{Y} + 2\boldsymbol{X}^{\mathrm{T}}\boldsymbol{X}\theta$$

令 $\dfrac{\partial L(\theta|\boldsymbol{X}, \boldsymbol{Y})}{\partial \theta}$ 为 0，可以得到 $\hat{\theta}$ 的线性方程组

$$-2\boldsymbol{X}^{\mathrm{T}}\boldsymbol{Y} + 2\boldsymbol{X}^{\mathrm{T}}\boldsymbol{X}\hat{\theta} = 0 \tag{3.4}$$

假设 $\boldsymbol{X}^{\mathrm{T}}\boldsymbol{X}$ 逆矩阵存在，由式 (3.4) 可得

$$\hat{\theta} = (\boldsymbol{X}^{\mathrm{T}}\boldsymbol{X})^{-1}\boldsymbol{X}^{\mathrm{T}}\boldsymbol{Y}$$

以上就是普通最小二乘法中最优参数 $\hat{\theta}$ 的推导过程，在实际问题中一般直接使用式 (3.2) 的结论，从训练数据集 $\mathcal{D}$ 中计算最优参数 $\hat{\theta}$。接下来需要选择评价模型拟合优度的指标，用来验证训练集和测试集的拟合效果。普通最小二乘法中常用的指标是均方根误差（Root Mean Square Error, RMSE）和调整 R^2。关于普通最小二乘法的总结见图 3.1。

数据集:	$\mathcal{D} = \{(x_i, y_i)\}_{i=1}^N$。
模型:	$y = f_\theta(x) + \varepsilon = x\theta + \varepsilon$。
损失函数:	$L(\theta|\boldsymbol{X}, \boldsymbol{Y}) = (\boldsymbol{Y} - \boldsymbol{X}\theta)^{\mathrm{T}}(\boldsymbol{Y} - \boldsymbol{X}\theta) \to \min$。
优化方法:	$\hat{\theta} = (\boldsymbol{X}^{\mathrm{T}}\boldsymbol{X})^{-1}\boldsymbol{X}^{\mathrm{T}}y$。
预测:	$\hat{y}_* = x_*\hat{\theta}$。
验证:	计算 RMSE、R^2、调整 R^2 或 p 值。

图 3.1　普通最小二乘法

3.1.2　优缺点

普通最小二乘法最大的优点在于模型简单, 可以求得最优参数的解析解。与其他回归方法相比, 普通最小二乘法最优参数的计算过程清晰明了。线性模型的可解释性很强。通过对回归系数简单排序, 就可以清楚地看到哪些解释变量对输出结果的影响最大。

但是, 普通最小二乘法也有明显的局限性。首先, 在实际问题中输入与输出之间的关系十分复杂, 线性模型的假设或许过于简单, 因此可能存在欠拟合问题。

即使线性模型的假设符合实际, 根据引理 3.1, 当 $\boldsymbol{X}^{\mathrm{T}}\boldsymbol{X}$ 不可逆时, 无法直接使用普通最小二乘法。这里需要解释一下为什么有时 $\boldsymbol{X}^{\mathrm{T}}\boldsymbol{X}$ 不可逆, 这有助于理解普通最小二乘法的局限性。$\boldsymbol{X}^{\mathrm{T}}\boldsymbol{X}$ 不可逆有两个充分条件: 其一是输入数据之间线性相关, 其二是输入变量的维数 d 严格大于样本量 N。满足以上两个条件中的任何一个, 式 (3.4) 都会成为一个关于 $\hat{\theta}$ 的欠定方程组, 因此 $\hat{\theta}$ 有无穷多个解。在这种情况下, 随机选取一个 $\hat{\theta}$ 值, 可能会导致模型存在过拟合问题, 在测试集上的预测能力不足。一种常用的解决方法是通过主成分分析(见 7.1 节)实现降维, 消除输入数据之间的多重共线性。

最后, 普通最小二乘法的损失函数是残差平方的简单平均, 因此对异常值非常敏感。在数据集存在异常值的情况下, 可以通过数据预处理(preprocessing)来排除异常值, 或者根据异常值的发生概率来调整损失函数。

普通最小二乘法的优缺点总结见图 3.2。

优　点

□ 模型结构简单, 一般不会存在过拟合问题。

□ 最优参数有解析解, 计算成本较小。

□ 可解释性很强。

缺　点

□ 线性模型可能过于简单, 无法正确地描述数据 (欠拟合)。

□ 即使线性模型合理, 当 $\boldsymbol{X}^{\mathrm{T}}\boldsymbol{X}$ 不可逆时, 普通最小二乘法不适用:

　□ 输入变量之间存在多重共线性 (降维)。

　□ 输入维数 d 大于样本量 N(过拟合)。

□ 对异常值十分敏感。

图 3.2　普通最小二乘法的优缺点

3.2 正则化线性模型

3.1.2 节中讨论了普通最小二乘法的缺点, 其中之一是当输入维度大于样本量时, 普通最小二乘法存在过拟合问题。 本节将介绍如何使用正则化 (regularization) 解决这个问题。

3.2.1 正则化

正则化引入参数化函数族的范数作为附加约束条件, 适用于解决最优解不唯一导致的不适定问题 (ill-posed problem), 可以抑制过拟合。正则化线性回归与普通最小二乘法相似, 但是在损失函数的优化过程中添加了一个额外的约束条件。对于平方损失函数, 考虑以下优化问题:

$$\min_{\beta} (\boldsymbol{Y} - \boldsymbol{X}\beta)^{\mathrm{T}} (\boldsymbol{Y} - \boldsymbol{X}\beta)$$

约束条件 $||\beta|| \leqslant t$。

根据拉格朗日乘数法, 通过给损失函数添加一个惩罚项 (penalty term), 上述优化问题可以写成无约束优化问题。即对于给定的 $t > 0$,

$$\min_{\beta, \lambda} (\boldsymbol{Y} - \boldsymbol{X}\beta)^{\mathrm{T}} (\boldsymbol{Y} - \boldsymbol{X}\beta) + \lambda(||\beta|| - t)$$

将上述无约束优化问题进行改写, 对于给定的 $\tilde{\lambda}$,

$$\min_{\beta, \tilde{\lambda}} (\boldsymbol{Y} - \boldsymbol{X}\beta)^{\mathrm{T}} (\boldsymbol{Y} - \boldsymbol{X}\beta) + \tilde{\lambda}||\beta|| \tag{3.5}$$

t 和 $\tilde{\lambda}$ 之间的关系根据数据而定。

理论上而言, 对于给定的 t、$\boldsymbol{X}$ 和 $\boldsymbol{Y}$, 可以直接计算得到 $\tilde{\lambda}$。但在实际问题中, 选择合适的 t 与选择 $\tilde{\lambda}$ 同样困难。因此正则化线性模型一般使用交叉验证确定 $\tilde{\lambda}$, 步骤如下:

(1) 列举 $\tilde{\lambda}$ 的可能值, 用集合 $\mathcal{L}$ 表示。

(2) 对于任意 $\tilde{\lambda} \in \mathcal{L}$, 求解式 (3.5) 中的优化问题, 得到最优参数 $\beta(\tilde{\lambda})$ 和相应的 $\mathrm{MSE}(\tilde{\lambda})$。

(3) 使用交叉验证确定使 MSE 最小的 $\tilde{\lambda}$, 对应的参数就是最优参数 $\hat{\beta}$, 即

$$\hat{\beta} = \beta(\arg\min_{\tilde{\lambda} \in \mathcal{L}} \mathrm{MSE}(\tilde{\lambda}))$$

根据惩罚项中参数的不同范数形式, 正则化线性回归方法被分为不同的种类。l_p 范数是标准的选择, 下面给出 l_p 范数的定义。对于任意 $x \in \mathbf{R}^d$, 其 l_p 范数 $||x||_p$ 有如下定义:

$$||x||_p = \left(\sum_{i=1}^d |x^{(i)}|^p \right)^{1/p}$$

图 3.3 展示了三种主要类型的正则化线性回归方法。本节将主要介绍套索回归 (Lasso regression) 和岭回归 (Ridge regression), 并讨论这两种方法的优缺点以及联系。

□ 套索回归:
$$L(\beta|\boldsymbol{X}, \boldsymbol{Y}) = (\boldsymbol{Y} - \boldsymbol{X}\beta)^{\mathrm{T}}(\boldsymbol{Y} - \boldsymbol{X}\beta) + \lambda||\beta||_1$$

□ 岭回归:
$$L(\beta|\boldsymbol{X}, \boldsymbol{Y}) = (\boldsymbol{Y} - \boldsymbol{X}\beta)^{\mathrm{T}}(\boldsymbol{Y} - \boldsymbol{X}\beta) + \lambda||\beta||_2^2$$

□ 弹性网:
$$L(\beta|\boldsymbol{X}, \boldsymbol{Y}) = (\boldsymbol{Y} - \boldsymbol{X}\beta)^{\mathrm{T}}(\boldsymbol{Y} - \boldsymbol{X}\beta) + \lambda\left(\frac{1-\alpha}{2}||\beta||_2^2 + \alpha||\beta||_1\right)$$

图 3.3　三种主要的正则化线性回归方法

3.2.2　岭回归

岭回归的损失函数定义如下:

$$L(\beta|\boldsymbol{X}, \boldsymbol{Y}) = (\boldsymbol{Y} - \boldsymbol{X}\beta)^{\mathrm{T}}(\boldsymbol{Y} - \boldsymbol{X}\beta) + \lambda||\beta||_2^2$$

其中, $\lambda > 0$ 是一个超参数。由于 l_2 范数的可微性, 岭回归的最优参数同样可以得到一个解析解 (见引理 3.2)。

引理 3.2 (岭回归估计量)　给定 $\lambda > 0$。给定数据集 $\mathcal{D} = (\boldsymbol{X}, \boldsymbol{Y})$, 在线性回归模型的标准设定下, 岭回归的最优参数 $\hat{\beta}$ 的解析解为

$$\hat{\beta} = (\boldsymbol{X}^{\mathrm{T}}\boldsymbol{X} + \lambda\boldsymbol{I})^{-1}\boldsymbol{X}^{\mathrm{T}}\boldsymbol{Y} \tag{3.6}$$

其中, $\boldsymbol{I}$ 是单位矩阵。

证明 3.2　展开损失函数, 容易得到 $L(\beta|\boldsymbol{X}, \boldsymbol{Y})$ 是关于 β 的二次函数

$$\begin{aligned} L(\beta|\boldsymbol{X}, \boldsymbol{Y}) &= (\boldsymbol{Y} - \boldsymbol{X}\beta)^{\mathrm{T}}(\boldsymbol{Y} - \boldsymbol{X}\beta) + \lambda||\beta||_2^2 \\ &= \boldsymbol{Y}^{\mathrm{T}}\boldsymbol{Y} - 2\beta^{\mathrm{T}}\boldsymbol{X}^{\mathrm{T}}\boldsymbol{Y} + \beta^{\mathrm{T}}\boldsymbol{X}^{\mathrm{T}}\boldsymbol{X}\beta + \lambda\beta^{\mathrm{T}}\beta \end{aligned}$$

其中, $\lambda > 0$ 且为常数。

与引理 3.1 中普通最小二乘法估计量的证明相同, 最优参数 $\hat{\beta}$ 应该满足 $L(\beta|\boldsymbol{X}, \boldsymbol{Y})$ 在 $\beta = \hat{\beta}$ 这一点的一阶导数为零, 记为 $\nabla L(\beta|\boldsymbol{X}, \boldsymbol{Y})$。令 $L(\beta|\boldsymbol{X}, \boldsymbol{Y})$ 对 β 求一阶导数, 可得

$$\nabla L(\beta|\boldsymbol{X}, \boldsymbol{Y}) = -2\boldsymbol{X}^{\mathrm{T}}\boldsymbol{Y} + 2\boldsymbol{X}^{\mathrm{T}}\boldsymbol{X}\beta + 2\lambda\beta$$
$$= 2\left(-\boldsymbol{X}^{\mathrm{T}}\boldsymbol{Y} + (\boldsymbol{X}^{\mathrm{T}}\boldsymbol{X} + \lambda\boldsymbol{I})\beta\right)$$

其中, $\boldsymbol{I}$ 是单位矩阵。

在 $\lambda > 0$ 的情况下, $\boldsymbol{X}^{\mathrm{T}}\boldsymbol{X} + \lambda\boldsymbol{I}$ 是可逆的。令 $\nabla L(\beta|\boldsymbol{X}, \boldsymbol{Y}) = 0$, 可以得到最优参数 β^*, 即

$$\beta^* = (\boldsymbol{X}^{\mathrm{T}}\boldsymbol{X} + \lambda\boldsymbol{I})^{-1}\boldsymbol{X}^{\mathrm{T}}\boldsymbol{Y}$$

提示 3.2 当 $\lambda = 0$ 时, 岭回归简化为普通最小二乘法。即使 $\boldsymbol{X}^{\mathrm{T}}\boldsymbol{X}$ 不可逆, 只要 $\lambda > 0$, $\boldsymbol{X}^{\mathrm{T}}\boldsymbol{X} + \lambda\boldsymbol{I}$ 可逆。因此岭回归的有效性可以得到保证, 解决了普通最小二乘法中的过拟合问题。

关于岭回归的总结见图 3.4。

数据集:	$\mathcal{D} = \{(x_i, y_i)\}_{i=1}^N$。
模型:	$y = f_\theta(x) + \varepsilon = x\theta + \varepsilon$。
损失函数:	$L(\theta|\boldsymbol{X}, \boldsymbol{Y}) = (\boldsymbol{Y} - \boldsymbol{X}\theta)^{\mathrm{T}}(\boldsymbol{Y} - \boldsymbol{X}\theta) + \lambda\|\theta\|_2^2 \to \min$。
优化方法:	$\hat{\theta} = (\boldsymbol{X}^{\mathrm{T}}\boldsymbol{X} + \lambda\boldsymbol{I})^{-1}\boldsymbol{X}^{\mathrm{T}}y$。
预测:	$\hat{y}_* = x_*\hat{\theta}$。
验证:	计算 RMSE、R^2、调整 R^2 或 p 值。

图 3.4 岭回归

3.2.3 套索回归

套索回归的损失函数定义如下:

$$L(\beta|\boldsymbol{X}, \boldsymbol{Y}) = (\boldsymbol{Y} - \boldsymbol{X}\beta)^{\mathrm{T}}(\boldsymbol{Y} - \boldsymbol{X}\beta) + \lambda\|\beta\|_1$$

其中, $\lambda > 0$ 是一个超参数。在这里可以看到, 套索回归和岭回归的区别仅仅在于损失函数中惩罚项的范数形式。

引理 3.2 表明, 岭回归的最优参数与普通最小二乘法一样有解析解。但套索回归一般没有解析解, 因此需要使用数值计算方法求解最优参数。套索回归的优点在于可以进行特征选择 (feature selection), 因为回归系数可以被压缩为 0。岭回归同样具有压缩系数的效

果, 但只能接近 0, 而无法取到 0。如图 3.5 所示, 造成这种差异的原因在于 l_1 范数和 l_2 范数不同的几何性质。

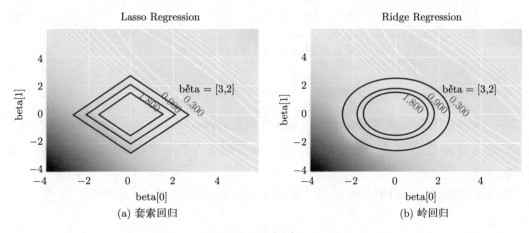

图 3.5　套索回归和岭回归的几何性质比较

在 2 维坐标系中, 可以清晰地看到这种差异。在普通最小二乘法中, 表示损失函数的等高线是椭圆形。满足套索回归约束条件的点集是菱形, 因此菱形和椭圆形的切点就是最优参数。图 3.6(a) 中的菱形容易与椭圆形相切于 y 轴上的一点, 此时 x 轴对应的系数为 0, 即最优参数的一个维度是 0。而在图 3.6(b) 的岭回归中, l_2 的约束条件是一个圆形, 很难与椭圆形相切于 y 轴上的一点。

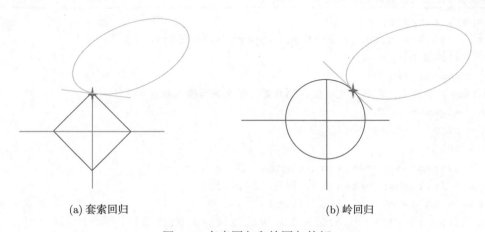

(a) 套索回归　　　　　　　　　　(b) 岭回归

图 3.6　套索回归和岭回归的解

不同正则化方法的总结见图 3.7。

□ 套索回归的最优参数需要使用数值计算方法, 但可以用来进行特征选择。

□ 岭回归的最优参数有解析解。

□ 弹性网是套索回归和岭回归的结合。

图 3.7　正则化线性回归方法对比

3.2.4　数值实验

本小节中使用合成数据模拟一个稀疏线性模型(sparse linear model)。稀疏线性模型的大部分输入都是 0, 在这个例子中可以看到不同正则化方法与普通最小二乘法拟合稀疏模型时的表现。

例 3.1 (**稀疏线性模型**)　根据以下稀疏线性模型, 模拟 1200 个样本 $(x_i, y_i)_{i=1}^{1200}$

$$y = x\boldsymbol{\beta} + \varepsilon$$

其中, $x \in \mathbf{R}^{800}$, $y \in \mathbf{R}$。参数 $\boldsymbol{\beta}$ 是一个稀疏向量, 只有三个非零元素, 即 $[\beta^{(1)}, \beta^{(5)}, \beta^{(10)}] = [1.0, 3.0, 2.7]$。使用 80% 的数据作为训练集, 其余作为测试集。

可以使用 Scikit-Learn 工具包方便地实现上述线性回归方法。代码列表 3.1 给出了稀疏线性模型的模拟过程。代码列表 3.2 中分别使用普通最小二乘法、岭回归和套索回归拟合稀疏线性模型。

代码列表 3.1　使用合成数据模拟稀疏线性模型

```
1  import numpy as np
2  from sklearn.model_selection import train_test_split
3  #固定随机数种子
4  np.random.seed(0)
5  #合成数据集样本, 分别定义均值、标准差、样本数和输入维度
6  mu, sigma = 0, 0.5
7  N = 1200
8  d = 800
9  X = np.random.normal(mu, sigma, [N, d])
10 eps = np.random.normal(0, 0.5, [N, 1])
11 beta = np.zeros([d, 1], float)
12 beta[np.array([1, 5, 10]),0]  =  [1.0, 3.0, 2.7]
13 Y = np.dot(X, beta) + eps
14 Y_actual = np.dot(X, beta)
15 #划分训练集和测试集
```

```
16  X_train, X_test, Y_train, Y_test= train_test_split(X, Y, test_size
        = 0.2)
17  Y_actual_train = np.dot(X_train, beta)
18  Y_actual_test =  np.dot(X_test, beta)
```

代码列表 3.2　分别使用普通最小二乘法、岭回归和套索回归拟合稀疏线性模型

```
 1  from sklearn.metrics import r2_score, mean_squared_error
 2  from sklearn import linear_model
 3  from sklearn.linear_model import RidgeCV, Lasso, LassoCV
 4  #普通最小二乘法
 5  model = sklearn.linear_model.LinearRegression()
 6  model.fit(X_train, Y_train)
 7  Y_test_pred = model.predict(X_test)
 8  print("r^2 on test data : %f" % r2_score(Y_test, Y_test_pred))
 9  print("rmse on test data : %f" % np.sqrt(mean_squared_error(Y_test,
        Y_test_pred)))
10  #岭回归
11  ridgecv = RidgeCV().fit(X_train, Y_train)
12  Y_test_pred_Ridge = ridgecv.predict(X_test)
13  print("r^2 on test data : %f" % r2_score(Y_test, Y_test_pred_Ridge))
14  print("rmse on test data : %f" % np.sqrt(mean_squared_error(Y_test,
        Y_test_pred_Ridge)))
15  #套索回归
16  lassocv = LassoCV().fit(X_train, Y_train)
17  Y_test_pred_Lasso = lassocv.predict(X_test)
18  r2_score_Lasso = r2_score(Y_test, Y_test_pred_Lasso)
19  print("r^2 on test data : %f" % r2_score_Lasso)
20  print("rmse on test data : %f" % np.sqrt(mean_squared_error(Y_test,
        Y_test_pred_Lasso)))
```

在图 3.8 中分别给出了普通最小二乘法、岭回归和套索回归在测试集上的预测输出和真实输出的散点图。每个小图中的红线表示恒等函数，对应的情况是完全拟合。当蓝点整体上越接近红线时，说明拟合效果越好。从图中可以看出，套索回归在这个例子中的表现最好，明显优于其他两种方法。表 3.1 中的拟合优度指标 R^2 和 RMSE 也给出了相同的结果。

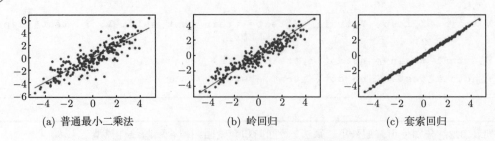

(a) 普通最小二乘法　　(b) 岭回归　　(c) 套索回归

x 轴和 y 轴分别表示真实输出和预测输出, 红线表示恒等函数。

图 3.8　例 3.1 中普通最小二乘法, 套索回归和岭回归的比较

表 3.1　三种线性回归方法的拟合优度

线性回归方法	指　　标	
	R^2	RMSE
普通最小二乘法	0.6561	1.2614
岭回归	0.8197	0.9132
套索回归	0.9461	0.4993

图 3.9 画出了两种正则化方法非零的回归系数, 横坐标代表输入变量的索引。图中的结果印证了岭回归和套索回归的主要区别: 岭回归的非零系数很密集, 其中有很多接近于 0, 但并不能取到 0。相比之下, 套索回归的非零系数非常少。在像例 3.1 这样的稀疏线性模型中, 套索回归优于岭回归, 具有较好的特征选择能力。

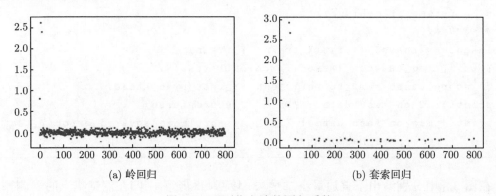

(a) 岭回归　　　　　　　　　(b) 套索回归

图 3.9　正则化方法的回归系数

3.2.5　两种正则化方法的联系

本小节将介绍一个计算套索回归估计量的新算法。这个算法在岭回归和套索回归之间建立了巧妙的联系。[Hoff, 2017] 的研究发现, 套索回归可以用岭回归的交互形式表示。这个

发现依赖于一个关键的结论,将岭回归和套索回归的损失函数联系在一起(见引理 3.3)。$Q(\beta)$ 表示损失函数,有如下定义:

$$Q(\beta) := Q(\beta|\mathcal{D}) = (\boldsymbol{Y} - \boldsymbol{X}\beta)^{\mathrm{T}}(\boldsymbol{Y} - \boldsymbol{X}\beta)$$

引理 3.3

$$\min_{\beta} Q(\beta) + \lambda|\beta|_1 = \min_{\boldsymbol{u},\boldsymbol{v}} Q(\boldsymbol{u} \circ \boldsymbol{v}) + \frac{\lambda}{2}\left(|\boldsymbol{u}|_2^2 + |\boldsymbol{v}|_2^2\right), \beta^* = \boldsymbol{u}^* \circ \boldsymbol{v}^*$$

其中,$\circ$ 表示向量 $\boldsymbol{u}$ 和 $\boldsymbol{v}$ 的 Hadamard 积(元素积);β^*、$\boldsymbol{u}^*$ 和 $\boldsymbol{v}^*$ 是最优参数。

这里只证明引理 3.3 中 1 维输出的情况。据此可以很容易地推广到多维情形。有兴趣的读者可以查阅更多相关资料[1]。对于标量 β,引理 3.3 简化为

$$\min_{\boldsymbol{u},\boldsymbol{v}} Q(\boldsymbol{uv}) + \frac{\lambda}{2}\left(u^2 + v^2\right) = \min_{\beta} Q(\beta) + \lambda|\beta|$$

其中,$Q(\beta) = \boldsymbol{X}^{\mathrm{T}}\boldsymbol{X}\beta^2 - 2\boldsymbol{X}^{\mathrm{T}}\boldsymbol{Y}\beta + \boldsymbol{Y}^{\mathrm{T}}\boldsymbol{Y}$。

证明 3.3　证明分为两部分。首先证明

$$\min_{\boldsymbol{u},\boldsymbol{v}} Q(\boldsymbol{uv}) + \frac{\lambda}{2}\left(u^2 + v^2\right) \geqslant \min_{\beta} Q(\beta) + \lambda|\beta| \tag{3.7}$$

式 (3.7) 的证明如下:

$$\min_{\boldsymbol{u},\boldsymbol{v}} Q(\boldsymbol{uv}) + \frac{\lambda}{2}\left(u^2 + v^2\right) = \min_{\beta = uv} Q(\beta) + \lambda\left(u^2 + \frac{\beta^2}{u^2}\right)$$

$$\geqslant \min_{\beta} Q(\beta) + \lambda\sqrt{\beta^2} = \min_{\beta} Q(\beta) + \lambda|\beta|$$

当 $u^2 = \beta = v^2$ 时,上式取得最小值。

接着从相反方向证明式 (3.7)。对于任意给定的 β,令 $\boldsymbol{u} = \sqrt{|\beta|}$,$\boldsymbol{v} = \dfrac{\beta}{\boldsymbol{u}}$,

$$Q(\boldsymbol{uv}) + \frac{\lambda}{2}\left(u^2 + v^2\right) = Q(\beta) + \lambda|\beta|$$

可得

$$\min_{\beta} Q(\beta) + \lambda|\beta| = \min_{\boldsymbol{u} = \sqrt{|\beta|}, \boldsymbol{v} = \beta/\boldsymbol{u}} Q(\boldsymbol{uv}) + \frac{\lambda}{2}\left(u^2 + v^2\right)$$

因为有约束条件的最小值大于无约束条件的最小值,可得

$$\min_{\boldsymbol{u} = \sqrt{|\beta|}, \boldsymbol{v} = \beta/\boldsymbol{u}} Q(\boldsymbol{uv}) + \frac{\lambda}{2}\left(u^2 + v^2\right) \geqslant \min_{\boldsymbol{u},\boldsymbol{v}} Q(\boldsymbol{uv}) + \frac{\lambda}{2}\left(u^2 + v^2\right) \tag{3.8}$$

即证明的第二部分。

---

[1] 详见 https://jamesmccammon.com/2014/04/20/lasso-and-ridge-regression-in-r/。

定理 3.1 (套索回归估计量与岭回归的交互形式) $\hat{\beta}$ 表示套索回归的估计量, 对于 $\lambda > 0$

$$\hat{\beta} := \arg\min_{\beta} \{Q(\beta) + \lambda|\beta|\}$$

令

$$\hat{\beta} = \hat{\boldsymbol{u}} \circ \hat{\boldsymbol{v}} \tag{3.9}$$

其中,

$$(\hat{\boldsymbol{u}}, \hat{\boldsymbol{v}}) = \arg\min_{\boldsymbol{u}, \boldsymbol{v}} \left\{ Q(\boldsymbol{u} \circ \boldsymbol{v}) + \frac{\lambda}{2} \left(|\boldsymbol{u}|_2^2 + |\boldsymbol{v}|_2^2 \right) \right\}$$

对于固定的 $\boldsymbol{v}$, 最优参数 $\tilde{\boldsymbol{u}}$ 有如下形式:

$$\tilde{\boldsymbol{u}} = \left(\boldsymbol{X}^{\mathrm{T}} \boldsymbol{X} \circ \boldsymbol{v}\boldsymbol{v}^{\mathrm{T}} + \frac{\lambda \boldsymbol{I}}{2} \right)^{-1} (\boldsymbol{v} \circ \boldsymbol{X}^{\mathrm{T}} \boldsymbol{Y})$$

其中, $\boldsymbol{I}$ 是单位矩阵。

证明 3.4 由于引理 3.3, 式 (3.9) 成立。当 β 是标量、向量 $\boldsymbol{v}$ 不变时, Hadamard 积 $\circ$ 表示标量乘法。可得

$$\tilde{Q}(\boldsymbol{u}) := \left\{ Q(\boldsymbol{u} \circ \boldsymbol{v}) + \frac{\lambda}{2} \left(|\boldsymbol{u}|_2^2 + |\boldsymbol{v}|_2^2 \right) \right\} = (\boldsymbol{u}\boldsymbol{v})^2 \boldsymbol{X}^{\mathrm{T}} \boldsymbol{X} - 2\boldsymbol{u}\boldsymbol{v}\boldsymbol{X}^{\mathrm{T}} \boldsymbol{Y} + \boldsymbol{Y}^{\mathrm{T}} \boldsymbol{Y} + \frac{\lambda}{2} (\boldsymbol{u}^2 + \boldsymbol{v}^2)$$

是关于 $\boldsymbol{u}$ 的二次函数。最小化 $\tilde{Q}(\boldsymbol{u})$ 的最优参数 $\tilde{\boldsymbol{u}}$ 满足条件

$$\tilde{Q}'(\boldsymbol{u})|_{\boldsymbol{u}=\tilde{\boldsymbol{u}}} = 0$$

因此, 可得

$$\tilde{Q}'(\boldsymbol{u})|_{\boldsymbol{u}=\tilde{\boldsymbol{u}}} = \left(2\boldsymbol{v}^2 \boldsymbol{X}^{\mathrm{T}} \boldsymbol{X} + \lambda \boldsymbol{I} \right) \boldsymbol{u} - 2\boldsymbol{v}\boldsymbol{X}^{\mathrm{T}} \boldsymbol{Y} = 0$$

整理上述等式, 可得

$$\tilde{\boldsymbol{u}} = \left(\boldsymbol{X}^{\mathrm{T}} \boldsymbol{X} \circ \boldsymbol{v}\boldsymbol{v}^{\mathrm{T}} + \frac{\lambda \boldsymbol{I}}{2} \right)^{-1} (\boldsymbol{v} \circ \boldsymbol{X}^{\mathrm{T}} \boldsymbol{Y})$$

定理 3.1 证明了套索回归的解等价于某个二次函数的最小值, 该最小值取自区间 $(\boldsymbol{u}, \boldsymbol{v})$ 上所有的可能值。根据定理 3.1, 对于给定的 $\boldsymbol{v}$, 最优参数 $\tilde{\boldsymbol{u}}$ 可以被看作岭回归的损失函数 $(\tilde{Q}(\boldsymbol{u}))$, 其中 $\boldsymbol{u}$ 是一个参数。在给定 $\boldsymbol{u}$ 的情况下, $\boldsymbol{v}$ 的最优值也有同样的结论成立。因此套索回归估计量 $\hat{\beta} = \hat{\boldsymbol{u}} \circ \hat{\boldsymbol{v}}$ 与岭回归的交互算法使用以下公式交替迭代更新 $\boldsymbol{u}_n$ 和 $\boldsymbol{v}_n$ 直至收敛:

令 $u = \left(Q \circ vv^{\mathrm{T}} + \dfrac{\lambda}{2}I\right)^{-1}(X^{\mathrm{T}}Y \circ v)$。

令 $v = \left(Q \circ uu^{\mathrm{T}} + \dfrac{\lambda}{2}I\right)^{-1}(X^{\mathrm{T}}Y \circ u)$。

相应算法总结见算法 3, 关于该算法的代码请有兴趣的读者参考更多资料①。

算法 3 输入 (X, Y, λ, N_e)

1: 初始值 u_0。
2: **for** $n = 1 : N_e$ **do**
3:   通过以下公式分别计算 v_n 和 u_{n+1}

$$v_n = \left(X^{\mathrm{T}}X \circ u_n u_n^{\mathrm{T}} + \dfrac{\lambda I}{2}\right)^{-1}(u_n \circ X^{\mathrm{T}}Y)$$

$$u_{n+1} = \left(X^{\mathrm{T}}X \circ v_n v_n^{\mathrm{T}} + \dfrac{\lambda I}{2}\right)^{-1}(v_n \circ X^{\mathrm{T}}Y)$$

4: **end for**
5: 令 $\hat{\beta} = v_n \circ u_n$。
6: **return** $\hat{\beta}$。

3.3 线性模型延伸：基扩展

3.2 节中介绍了如何使用正则化避免过拟合问题。但是, 线性回归有时也存在欠拟合的问题。如果真实的期望函数是非线性的, 使用线性函数 f 可能会导致模型设定错误。

因此, 使用合适的非线性模型来拟合数据十分重要。非线性模型有很多种形式, 但统一的思想是基扩展 (basis expansion)。基函数扩展通过非线性变换将输入映射到特征, 从而线性化输入和输出之间的函数关系。

基扩展可以表示如下：

$$y = f(x) + \varepsilon$$

$$f(x) \approx \mathcal{L}(\phi_1(x), \phi_2(x), \cdots, \phi_n(x)) = \sum_{i=1}^{n} \theta_i \phi_i(x), x \in \mathbf{R}^d$$

基函数主要有两种类型：

---

① 详见 https://pdhoff.github.io/2017/01/18/hpp.html。

    □ 固定的基函数 (特征), 例如

        □ 二项式基函数：x^0, x^1, $x^2, \cdots, x^n$。

        □ 样条基函数。

    □ 自适应（adaptive）基函数, 如神经网络。图 2.3 描述了不同类型的神经网络。这些内容将在第 5 章中详细介绍。

3.4　练习

1. 解释普通最小二乘法。

2. 给出至少两种抑制线性回归过拟合问题的方法。

3. 实现弹性网回归并应用于例 3.1。

4. 对于 $\beta \in \mathbf{R}^d$, 证明定理 3.1。

5. 列举本章未涉及的三种非线性回归方法, 并从模型、损失函数、优化方法和拟合优度指标等方面进行总结。

第 4 章
树模型

4.1 原理简介

树模型是监督学习中一种非常流行的方法。顾名思义，树模型是基于树结构建立的模型。树模型有很多变种，从最简单的决策树到复杂的随机森林和梯度提升树。树模型的最大优点是可解释性。例如，决策树模型模仿了临床医生使用流程图评估患者健康状况的过程，即使没有数据分析背景的人也非常容易理解。解释决策树不需要任何统计知识，其图形表示也非常直观。因此，决策树通常被称为"白盒模型"（white box）。第 5 章中讨论的神经网络与之相反，被称为"黑盒模型"（black box）。

另外，树模型可以快速识别重要变量，也可以识别两个或多个变量之间的关系。借助树模型，可以创造新变量（特征），从而更好地预测目标变量。假如正在研究一个问题，此时有上百个变量的信息，树模型可以帮助迅速识别最重要的变量。

与其他模型相比，树模型对数据清洗的要求更低，在一定程度上可以说不受异常值和缺失值的影响。而且树模型是一个通用模型，可以同时处理数值和分类变量，适用于回归和分类问题。

虽然树模型有各种优点，但也存在缺点。首先，树模型很容易过拟合。通过添加约束条件和剪枝（pruning），可以解决这一问题。另外，由于树模型的离散性，当树模型使用离散数字逼近连续输出时，会导致信息的丢失。图 4.1 总结了树模型的优缺点。

接下来首先介绍监督学习中的决策树。然后介绍将决策树作为基学习器的集成和提升方法——随机森林和梯度提升树。

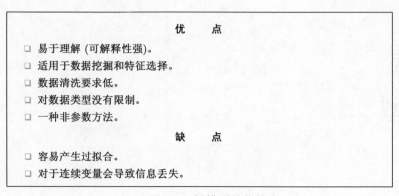

图 4.1　树模型的优缺点

4.2　决策树

树是一种以递归方式定义的常用数据结构。本节首先介绍树的定义和树结构的重要术语, 然后介绍监督学习中基于树结构的决策树算法, 并讨论决策树的优缺点。

4.2.1　树结构

首先介绍有根树的定义。有根树的结构示例如图 4.2 所示。

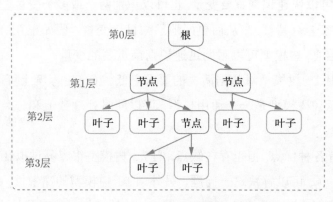

图 4.2　有根树结构示例

有根树是一个有向图 (V, E), 且其中任意两个顶点都由唯一一条路径连接。V 是节点的集合, E 是有向边的集合, 有向边 e 由节点对 (v_1, v_2) 表示, v_1 表示输入节点, v_2 表示输出节点。有根树由节点和有向边组成。根是唯一入度为 0 的节点, 叶子是出度为 0 的节点。

有根树的定义也可以由递归方式给出。

定义 4.1 (有根树)　高度为 -1 的树是一个空集。高度为 0 的树有一个唯一的节点 (被称为根)。高度为 h 的树 $\mathcal{T} = (V, E)$ 由有限棵高度小于 h 的子树 (记为 $(\mathcal{T}_i = (V_i, E_i))_{i=1}^n$) 构成，且存在一棵高度为 $h-1$ 的子树：存在一个节点 R_0，使得 E 是由 R_0 指向 $\mathcal{T}_i$ 的根节点的边和 E_i 的并集，而 V 是由 $\{R_0\}$ 和 V_i 的并集，即

$$V = \{R_0\} \bigcup_{i=1}^{n} V_i$$

$$E = \bigcup_{i=1}^{n} \{(R_0, R_i)\} \bigcup_{i=1}^{n} E_i$$

根据有根树的定义，树模型的基本概念和术语如下：

❏ 根 (root)：代表整个样本空间，可以被进一步分成两个或更多子集。

❏ 决策节点 (decision node)：当一个节点被进一步分裂成子节点，则这个节点被称为决策节点。

❏ 叶子 (leaf)：又被称为终结点 (terminal node)，指无法进一步分割的节点。

❏ 父节点 (parent node) 和子节点 (child node)：一个节点 A 被分割成几个节点 B_1，$B_2, \cdots, B_n$，则 A 被称为 $B_1, B_2, \cdots, B_n$ 的父节点，$B_1, B_2, \cdots, B_n$ 被称为 A 的子节点 (见图 4.3)。

❏ 剪枝 (pruning) 和分裂 (splitting)：剔除子节点的过程被称为剪枝。相对应地，添加子节点的过程被称为分裂。

图 4.3 说明了父节点 t 和子节点 t_L、t_R 之间的关系。

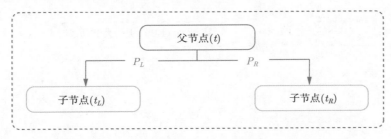

图 4.3　树单元：父节点和子节点 (左子节点记为 t_L，右子节点记为 t_R)

4.2.2　模型

树模型是一种通用方法，描述了一个从输入空间 $\mathcal{X}$ 到输出空间 $\mathcal{Y}$ 的映射。考虑 d 维输入 $\bar{x} = (x^1, x^2, \cdots, x^d) \in \mathcal{X}$，其中，$x^i$ 被称为 x 的第 i 个属性。树模型将输入空间划分为一组矩形，并在输入空间的每个子区域中拟合一个简单（常数）模型。

树模型是一种类似流程图的结构，每个节点代表对特征的"测试"（如抛硬币是正面向上还是反面向上），每个分支代表测试的结果，每个叶节点代表输出。从根节点到终结点的每条路径都代表一个分裂规则。决策树模型有两个重要的组成部分：树 $\mathcal{T}$ 和参数集 $\Theta = (\theta_1, \theta_2, \cdots, \theta_b)$。其中 b 是决策树的叶子个数，θ_i 表示从根节点到第 i 个叶子的路径中所需要的参数。

下面以二叉树为例进行讨论 [Chipman et al., 1998]。二叉树将预测空间划分如下：每个内部节点都有一个分裂规则，根据这个规则将观察值分配给左子节点或右子节点。因此终结点根据分裂规则定义的子区域划分整个观测空间。对于连续输入，分裂规则基于一个分裂值 s，并根据 $x_i \leqslant s$ 或 $x_i > s$ 将观察值分配到左子节点或右子节点。需要注意的是，这个规则可以推广到任意分裂函数，即 $h(x_i) \leqslant s$ 或 $h(x_i) > s$，只需将 $h(x)$ 作为新输入即可。对于分类输入，分裂规则基于类别子集 C，并根据 $x_i \in C$ 或 $x_i \notin C$ 将观察值分配到左子节点或右子节点。图 4.4 给出了使用二叉树模型决定是否买入股票的一个简单示例。

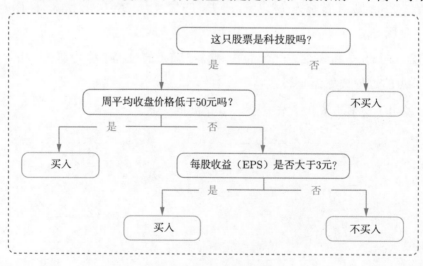

图 4.4　决策树的金融应用

4.2.3　回归树

寻找最优决策树的一个主要优化方法是分类与回归树（Classification and Regression Tree, CART）。首先讨论输出是连续变量的回归问题。这时决策树模型被称为**回归树**。由树 T 和叶子 $\{R_1, R_2, \cdots, R_M\}$ 组成的决策树模型定义如下：

$$f_\theta = \sum_m c_m \boldsymbol{I}(X \in R_m)$$

其中, $(c_m)_{m=1}^M$ 是常数。

对于每个区域 R_m, 模型的预测输出是常数 c_m, 其中, $m \in \{1, 2, \cdots, M\}$。这里的模型参数包括树 T 和 $\{c_m\}_{m=1}^M$。正如 2.1.2 节中提到的, 回归问题中最常用的是平方损失函数 $L(\theta|(X, Y))$, 即

$$L(\theta|(X, Y)) = \sum_{i=1}^N (Y_i - f_\theta(X_i))^2$$

一旦给定 $(R_m)_{m=1}^M$, 容易计算得到最小化损失函数的最优参数 c_m。根据每个输入样本所属区域进行分组, 上述等式可以写成以下形式：

$$L(\theta|(X, Y)) = \sum_{m=1}^M \sum_{i \in I_m} (Y_i - c_m)^2 \tag{4.1}$$

其中, $I_m = \{i | i \in \{1, 2, \cdots, N\}, X_i \in R_m\}$ 是属于区域 R_m 的输入样本索引集合, $\{R_m\}_{m=1}^M$ 是互不相交的区域。

对于任意 $m \in \{1, 2, \cdots, M\}$, 最小化式 (4.1) 等价于最小化

$$\sum_{i \in \{1, 2, \cdots, N\} \in I_m} (Y_i - c_m)^2$$

因此, c_m 的最优估计量 $\hat{c}_m$ 由以下等式得到

$$\hat{c}_m = \frac{\sum\limits_{x_i \in R_m} y_i}{\sum\limits_{i=1}^N \boldsymbol{1}(x_i \in R_m)} = \text{avg}(y_i | R_m)$$

在给定 R_m 的情况下, $\hat{c}_m$ 的推导过程非常简单。因此树模型的参数估计可以简化为如何找到树的最优分割。但即使对于二叉树, 也很难找到全局最优解。通常使用贪心搜索（greedy search）来解决这个问题[1]。

---

[1] 贪心算法在每一步选择中都采取在当前状态下最优的选择, 从而期望找到或接近全局最优解。

为简单起见, 接下来只考虑二叉树的情况, 因为同样的算法可以推广到 2 个节点以上的树。二叉树的核心思想是: 首先, 根据损失函数, 在每一步中选择最优属性 $\mathcal{I}_k$ 和阈值 t_k 将训练集分成两个子集 (见算法 4)。在这个过程中, 算法不断搜索最小化损失函数的 $(\mathcal{I}_k, t_k)$。其次, 对所有可能的属性 j 使用贪心搜索, 递归地将树的每个终结点分裂为两个子节点, 直至达到最小节点 $n_{\min}$ (见算法 5)。

算法 4 最优二叉分裂 (回归) 算法

1: **输入**: $(x_i, y_i)_{i=1}^N$, d。d 是输入维度。

2: **for** $j = 1 : d$ **do**

3:     $(x_i, y_i)_{i=1}^N \leftarrow$ 根据第 j 个属性将 $(x_i, y_i)_{i=1}^N$ 排序。

4:     **for** $n = 1 : N$ **do**

5:         选择 $x_n^{(j)}$ 为分裂变量。

6:         通过以下公式计算 c_l^*, c_r^*

$$c_{l,j}^* = \frac{1}{n} \sum_{i=1}^n y_i$$

$$c_{r,j}^* = \frac{1}{N-n} \sum_{i=n+1}^N y_i$$

7:         在 x_n 处分裂第 j 个属性, 计算损失函数 $l_{j,n}$。子区域分别使用 $c_{l,j}^*$、$c_{r,j}^*$。

$$l_{j,n} = \sum_{i=1}^n Q(y_i - c_{l,j}^*) + \sum_{i=n+1}^N Q(y_i - c_{r,j}^*)$$

8:     **end for**

9:     将 (n_j, s_j) 设置为

$$n_j = \arg \min_n l_{j,n}$$

$$s_j = x_{n_j}$$

10: **end for**

11: 将 j^* 设置为

$$j^* = \arg \min_j l_{j,n_j}$$

12: **输出**: (j^*, s_{j^*})。

算法 5　决策树算法

1: **输入**：H, (x, y), $n_{\min}$。
2: $T = c_0 = \arg\min\limits_{c} \sum\limits_{i=1}^{N} Q(y_i - c)$。
3: **for** $h = 0 : H - 1$ **do**
4: 　$R_1, \cdots, R_{n_h}$ 表示树 T 的叶子。
5: 　**for** $i = 1 : n_h$ **do**
6: 　　$(\mathcal{I}_i, t_i) = $ 最优二叉分裂算法 $((x_j, y_j)_{j \in R_i}, d)$。
7: 　　通过 $(\mathcal{I}_i, t_i)$ 分裂叶子 R_i 生成树 T。
8: 　**end for**
9: 　**if** 达到最小节点 $n_{\min}$ **then**
10: 　　**break**
11: 　**end if**
12: **end for**
13: **输出**：T。

　　与其他监督学习方法（例如线性回归或神经网络）略有不同的是，决策树模型中的损失函数通常用于衡量将现有节点分裂为子节点带来的提升效果，以选择迭代生成树的最优方法。

　　分类树

　　用于解决分类问题的决策树被称为**分类树**。分类树的损失函数通常与不纯度（impurity）有关。不纯度衡量了决策树分裂子节点带来的提升效果。常用的不纯度度量指标包括：误分类、基尼系数和交叉熵。$\hat{p}_{mk}$ 表示区域 R_m 上预测类别为 k 的样本百分比，有如下定义：

$$\hat{p}_{mk} = \frac{1}{N_m} \sum_{x_i \in R_m} \boldsymbol{I}(y_i \in k)$$

其中，N_m 表示属于区域 R_m 的样本数量。

　　❑ 误分类（mis-classification error）：

$$L(\theta | (X, Y)) = \sum_{m=1}^{M} \frac{1}{N_m} \sum_{i \in I_m} \mathbf{1}(y_i \neq c_m) = \sum_{m=1}^{M} (1 - \hat{p}_{mm})$$

　　❑ 基尼系数（Gini index）：

$$\sum_{k=1}^{M} \hat{p}_{mk}(1 - \hat{p}_{mk})$$

☐ 交叉熵（cross entropy）：

$$-\sum_{k=1}^{M} \hat{p}_{mk} \log(\hat{p}_{mk})$$

接下来比较三种不纯度度量指标。考虑一个简单的例子，假设有两种类型的样本，其中第二类样本的百分比为 p。在这种情况下，三种指标分别简化为 $\min(1-p,p)$、$2p(1-p)$ 和 $-p\log(p)-(1-p)\log(1-p)$。如图 4.5 所示，三种指标的图像类似。但基尼系数和交叉熵是可微的，这对数值优化非常重要。此外，基尼系数和交叉熵对节点概率的变化比误分类更加敏感。

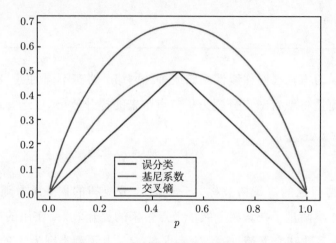

图 4.5　分类树中不纯度的度量指标

提示 4.1　基尼指数可以从两种不同的角度理解。一种理解是，如果根据概率 $\hat{p}_{mk}$ 将观察值分类到类别 k，则这个策略的错误率

$$\sum_{k \neq k'} \hat{p}_{mk} \hat{p}_{mk'} \tag{4.2}$$

就是基尼指数。

另一种理解是，如果将每个属于类别 k 的观察值编码为 1，否则编码为 0，则该节点上指示变量的方差为 $\hat{p}_{mk}(1-\hat{p}_{mk})$。将所有可能的类别 k 相加，就得到了基尼指数。

在定义不纯度的度量指标后，就可以给出分类树中损失函数的定义：给定任意叶子节点，对于任意属性 j 和阈值 t_j，可以将相应样本分裂成左右子集。损失函数 $L(k, t_k)$ 如下：

$$L(k, t_k) = \frac{m_l}{m} G_l + \frac{m_r}{m} G_r \tag{4.3}$$

其中，$m = m_l + m_r$；$G_{l/r}$ 分别表示左右子集的不纯度；$m_{l/r}$ 分别表示左右子集中的样本数。

对于树分类器的校准，仍然使用算法 5 中的决策树算法。但算法 4 中回归树的最优二叉分裂算法需要进行修改，以适用于分类树。二者唯一的区别是如何计算 $c^*_{l/r,j}$ 和损失函数 $l_{j,n}$。具体而言，算法 4 中的第 6 行修改如下：

通过以下规则计算 c^*_l，c^*_r：

$$c^*_{l,j} \leftarrow \text{区域} R_l \text{样本最多的类别}$$

$$c^*_{r,j} \leftarrow \text{区域} R_r \text{样本最多的类别}$$

其中，区域 $R_l = \{x_i\}_{i=1}^n$，区域 $R_r = \{x_i\}_{i=n+1}^N$。

算法 4 中的第 7 行修改为计算式 (4.3) 中的损失函数。

4.2.4　剪枝

树的大小是一个表示模型复杂度的超参数。为了避免过拟合，类似于正则化线性回归，可以将树的大小添加到损失函数中。决策树模型带惩罚项的损失函数通常有以下形式：

$$L_\alpha(T) = L(T) + \alpha|T|$$

其中，$|T|$ 表示树 T 中叶子的数量。$L(T)$ 是不带惩罚项的损失函数，例如回归问题中的 MSE。

4.2.5　特征重要性

在决策树模型中，每个特征有一个得分，被称为特征重要性。特征的得分越高，则该特征越重要。通过计算每个特征的不纯度增益并进行归一化，可以得到特征重要性。具体而言，考虑树 T 和叶子 $\{R_1, R_2, \cdots, R_M\}$ 组成的树模型 T。对于树 T 中每一个（非终结点的）决策节点 (k, t_k)，计算相应的不纯度增益

$$IG_k := G_a - L(\mathcal{I}_k, t_k) = G_a - \left(\frac{m_l}{m}G_l + \frac{m_r}{m}G_r\right)$$

其中，G_a 是未分裂节点 $(\mathcal{I}_k, t_k)$ 的不纯度。

因此，第 j 个特征的特征重要性定义如下：

$$\frac{\sum_{k=1}^{M} \mathbf{1}_{\mathcal{I}_k=j} \boldsymbol{IG}_k}{\sum_{k=1}^{M} \boldsymbol{IG}_k}$$

特征重要性对于特征选择非常有用。可以将特征重要性从高到低排序,选择决策树中的重要特征。

4.3　随机森林

随机森林是监督学习中的一种集成方法,在训练时使用 2.3 节中介绍的 Bagging 法构造多个决策树。森林是树的集合,其定义如下。

定义 4.2（森林）　森林是一个无向图,由一组互不相交的树组成。

随机森林使用决策树作为基模型 [Friedman et al., 2001]。随机森林随机生成多个决策树,主要使用以下两种方法:

❑ 使用 Bagging 法随机抽取样本数据。

❑ 随机选择生成基决策树的输入特征。

单个决策树的效果和基决策树之间的相关性,是决定随机森林泛化误差的两个关键因素。随机森林的主要思想是减少树之间的相关性,从而降低 Bagging 的方差。图 4.6 展示了随机森林的主要思想,算法 6 描述了随机森林算法。

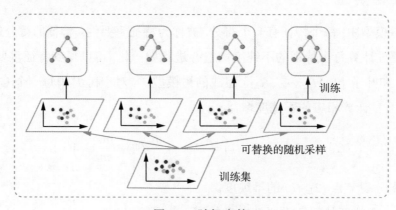

图 4.6　随机森林

算法 6　随机森林算法

1: **输入**：$H, (x, y), B, n_{\min}$。

2: **前向阶段**：

3: **for** $b = 1 : B$ **do**

4:　有放回地从训练集中随机选择子集 $\mathcal{D}_b$，大小为 N。

5:　使用决策树算法得到森林中树 T_b 的估计，输入参数为 $(H, \mathcal{D}_b, n_{\min})$。

6: **end for**

7: 计算平均模型 T，即

$$T = \frac{1}{B} \sum_{b=1}^{B} T_b$$

或者在分类树中使用多数投票法。

8: **输出**：T。

4.4　梯度提升树

2.3.2 节中已经介绍了梯度提升法。梯度提升树（Gradient Boosting Decision Tree, GBDT），顾名思义，是一种使用决策树作为基模型的提升方法。

本节仍然使用 2.3 节中梯度提升法的符号表示。f_m 表示第 m 次迭代中 f 的估计量，r_{im} 表示第 i 个样本的损失函数 $L(y, f(x))$ 在 $f = f_m$ 这一点的导数，即

$$r_{im} = \left[\frac{\partial L(y_i, f(x_i))}{\partial f(x_i)} \right]_{f=f_m}$$

对于叶子 R_{jm}，使用常数模型，这可以帮助简化导数 $\dfrac{\partial L(y_i, f(x_i))}{\partial f(x_i)}$ 的更新规则，即

$$f_m(x) = f_{m-1}(x) + \sum_{j=1}^{J_m} \gamma_{jm} \mathbf{1}(x \in R_{jm}) \tag{4.4}$$

其中，$\sum\limits_{j=1}^{J_m} \gamma_{jm} \mathbf{1}(x \in R_{jm})$ 记为树 h_m，用来逼近第 m 步的残差 [Friedman, 2001]。

γ_{jm} 可以通过求解以下问题得到

$$\gamma_{jm} = \arg\min_{\gamma} \sum_{x_i \in R_{jm}} L(y_i, f_{m-1}(x_i) + \gamma)$$

图 4.7 展示了梯度提升树的主要思想。算法 7 描述了梯度提升树算法。

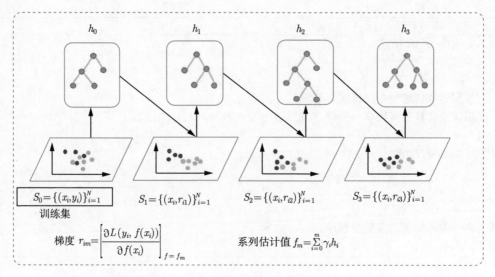

图 4.7　梯度提升树

算法 7　梯度提升树算法

1: **输入**：$(x_i, y_i)_{i=1}^N$，M。

2: 通过以下等式初始化 f_0 为常数 γ_0：

$$\gamma_0 = \arg\min_{\gamma} L(y - \gamma)$$

3: **for** $m = 1 : M$ **do**

4: 　**for** $i = 1 : N$ **do**

5: 　　计算残差

$$r_{im} = \left[\frac{\partial L(y_i, f(x_i))}{\partial f(x_i)} \right]_{f = f_{m-1}}$$

6: 　**end for**

7: 　对于 $(x_i, y_{im})_{i=1}^N$，拟合一个树模型, 其于区域划分为 R_{jm}，$j = 1, 2, \cdots, J_m$。

8: 　**for** $j = 1, 2, \cdots, J_m$ **do**

9: 　　计算

$$\gamma_{jm} = \arg\min_{\gamma} \sum_{x_i \in R_{jm}} L(y_i, f_{m-1}(x_i) + \gamma)$$

10: 　**end for**

11: 　根据以下等式更新 f_m：

$$f_m(x) = f_{m-1}(x) + \sum_{j=1}^{J_m} \gamma_{jm} \mathbf{1}(x \in R_{jm})$$

12: **end for**

13: **输出**：f_M。

AdaBoost[Hastie et al., 2009]、XGBoost① 和 LightGBM[Ke et al., 2017] 是比较流行的基于梯度提升树的算法，这些算法训练速度更快、效率更高。XGBoost 和 LightGBM 已经被广泛应用于机器学习实践，并成为 Kaggle 竞赛中最受欢迎的算法，许多优胜者都使用了这两种算法。第 9 章中将展示如何使用 LightGBM 解决一个关于违约风险预测的 Kaggle 竞赛项目。

最后，对随机森林和梯度提升树这两种基于决策树的集成模型的总结和比较见表 4.1。一般而言，因为随机森林独立生成基决策树，所以模型的健壮性更强，不容易产生过拟合。随机森林通常参数较少，并且可以并行计算。而梯度提升树每次学习之前模型的误差，因此通常需要较少的树就可以很好地拟合数据。从这个角度来看，梯度提升树更为有效。在实际应用中（如 Kaggle 竞赛），调参后的梯度提升树通常可以取得比随机森林更好的结果。

表 4.1　随机森林和梯度提升树的比较

条　　件	集 成 模 型	
	随 机 森 林	梯度提升树
集成方法	Bagging	Boosting
计算模式	并行	串行
健壮性	较好	较差
预测精确度	较差	较好
模型复杂性	较简单	较复杂

4.5　数值实验：Iris 数据集

本节中将决策树模型、随机森林和梯度提升树分别应用于 Iris 数据集②对鸢尾花进行分类，并展示如何简洁地实现上述树模型的训练和预测。Iris 数据集包含了 150 个样本（三种鸢尾花各 50 个样本）和 4 个特征（萼片长度、萼片宽度、花瓣长度、花瓣宽度）。关于树模型在金融领域的应用详见本书等 9 章的金融案例研究。

4.5.1　决策树的实现

Scikit-Learn 提供了实现决策树分类器的 DecisionTreeClassifier() 类。代码列表 4.1 调用函数 fit() 训练决策树，并调用函数 predict() 在测试集上进行预测，最后输出混淆矩阵和特征重要性。

---

① 详见 https://xgboost.readthedocs.io/en/latest/。
② 详见 https://archive.ics.uci.edu/ml/datasets/iris。

代码列表 4.1 使用决策树对 Iris 数据集进行分类

```
1   import pandas as pd
2   from sklearn.datasets import load_iris
3   from sklearn.model_selection import train_test_split
4   from sklearn.tree import DecisionTreeClassifier
5   # 加载Iris数据集
6   iris = load_iris()
7   #划分训练集和测试集
8   X_train, X_test, y_train, y_test = train_test_split(iris.data,iris.
        target, test_size=0.33, random_state=0)
9   #构建决策树分类器
10  clf_dt = DecisionTreeClassifier(max_depth=3, criterion='gini',random_
        state=0)
11  clf_dt = clf_dt.fit(X_train, y_train)
12  y_test_est = clf_dt.predict(X_test)
13  #输出混淆矩阵
14  pd.crosstab(y_test, y_test_est, rownames=['Actual Species'],colnames
        =['Predicted Species'])
15  #查看特征重要性
16  print(clf_dt.feature_importances_)
```

Graphviz[①]是一个开源的图形可视化软件。图形可视化是表示结构信息的一种常用方法。如代码列表 4.2 所示，Graphviz 可以方便地实现决策树的可视化。相应的树模型见图 4.8。

代码列表 4.2 使用 Graphviz 可视化决策树模型

```
1   # 安装Graphviz
2   pip install graphviz
3   # 加载Graphviz
4   import graphviz
5   from sklearn import tree
6   dot_data = tree.export_graphviz(clf_dt, out_file=None,feature_names=
        iris. feature_names,class_names=iris.target_names, filled=True,
        rounded=True, special_characters=True)
7   graph = graphviz.Source(dot_data)
8   graph.render("iris")
```

---

① 详见 https://www.graphviz.org/。

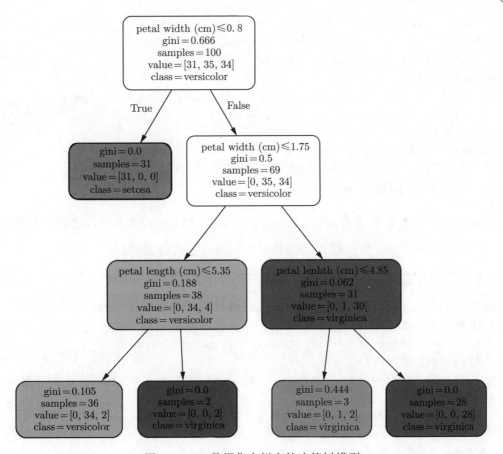

图 4.8　Iris 数据集上拟合的决策树模型

4.5.2　随机森林的实现

现在继续将随机森林应用于 Iris 数据集, 使用 RandomForestClassifier() 类实现随机森林。这里需要指定森林中树的数量（n_estimators）、树的最大深度（max_depth）和不纯度指标（criterion）。在本例中, 选择 n_estimators = 20, max_depth = 3, criterion='gini', 如代码列表 4.3 所示。

代码列表 **4.3**　使用随机森林对 Iris 数据集进行分类

```
1  import numpy as np
2  from sklearn.ensemble import RandomForestClassifier
3  #构建随机森林
4  clf_rf = RandomForestClassifier(n_estimators = 20, max_depth=3,
```

```
                 criterion='gini', n_jobs=2, random_state=0)
5   clf_rf = clf_rf.fit(X_train, y_train)
6   y_test_est_rf = clf_rf.predict(X_test)
7   #输出混淆矩阵
8   pd.crosstab(y_test, y_test_est_rf, rownames=['Actual Species'],
                 colnames=['Pred icted  Species'])
9   #查看特征重要性
10  print(clf_rf.feature_importances_)
```

4.5.3 梯度提升树的实现

与决策树和随机森林类似, 使用 GradientBoostingClassifier() 类可以实现梯度提升树。代码列表 4.4 展示了使用梯度提升树对 Iris 数据集进行分类。

代码列表 4.4 使用梯度提升树对 Iris 数据集进行分类

```
1   from sklearn.ensemble import GradientBoostingClassifier
2   #构建梯度提升树
3   clf_gbt = GradientBoostingClassifier(random_state=0)
4   clf_gbt.fit(X_train, y_train)
5   y_test_est_gbt = clf_rf.predict(X_test)
6   #输出混淆矩阵
7   pd.crosstab(y_test, y_test_est_gbt, rownames=['Actual Species'],
                 colnames=['Pred icted Species'])
8   #查看特征重要性
9   print(clf_gbt.feature_importances_)
```

4.5.4 三种树模型的比较

如图 4.9 所示, 在这个例子中, 三种树模型在测试集上的混淆矩阵相同。图 4.9(a)、图 4.9(c) 和图 4.9(e) 对应的是没有归一化的混淆矩阵, 图 4.9(b)、图 4.9(d) 和图 4.9(f) 对应的是归一化的混淆矩阵。但在使用其他数据集时, 三种树模型的数值结果可能会有明显的变化。

接下来看看特征重要性。从表 4.2 和图 4.10 中可以看到, 三种树模型中最重要的特征都是花瓣宽度。在决策树模型中, 花瓣宽度起着决定性的作用, 萼片长度和萼片宽度与预测无关。但是在随机森林中, 花瓣长度和花瓣宽度几乎一样重要。随机森林和梯度提升树的萼片长度和萼片宽度并不是无关特征, 这可以理解为集成方法带来的影响。

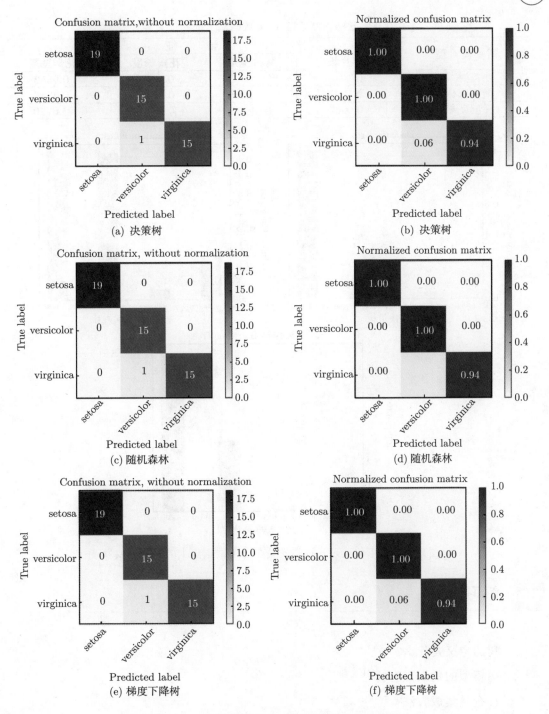

图 4.9　三种树模型在 Iris 数据集上的混淆矩阵

表 4.2　三种树模型在 Iris 数据集上的特征重要性

树　模　型	特　　征			
	萼片长度	萼片宽度	花瓣长度	花瓣宽度
决策树	0	0	0.0648	0.9352
随机森林	0.1245	0.0308	0.4201	0.4246
梯度提升树	0.0062	0.0122	0.3046	0.6770

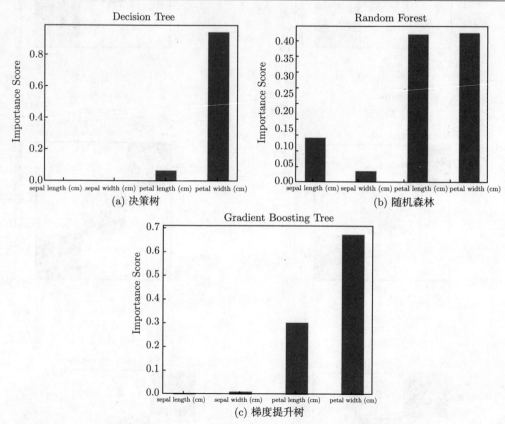

图 4.10　图形化展示三种树模型在 Iris 数据集上的特征重要性

4.6　练习

1. 树的定义是什么?

2. 树模型的优缺点有哪些?

3. 什么是集成方法?

4. 什么是随机森林?

第 5 章
神经网络

2016 年 3 月，AlphaGo 在五番棋中以 4:1 的比分击败了李世石九段，这是电脑围棋程序第一次在不让子的情况下战胜人类围棋世界冠军。AlphaGo 使用的最重要的一项技术就是深度神经网络。AlphaGo 的胜利掀起了人工智能的大讨论，深度学习这个概念由此进入了大众的视野。

深度学习有很悠久的历史，最早可以追溯到 20 世纪 40 年代。深度学习的发展正像一个不断上下波动的函数，在几十年的历史中经历了两次高潮，其余时间则相对沉默。20 世纪 40 年代是神经网络的萌芽期 [McCulloch and Pitts, 1943]，后来进一步发展成感知机（perceptron）[Rosenblatt, 1957]，最初的网络结构只是一个简单的线性分类器。到了 20 世纪 80 年代，反向传播算法的兴起带动了神经网络的第二次浪潮。目前来看，我们似乎正走向神经网络的第三次浪潮，又或许已经到了顶点。对于神经网络的发展历史感兴趣的读者，可以参考更多资料[1]。

5.1 基本概念

本节暂时抛开严谨的数学定义和证明，介绍神经网络中的一些基本概念。

5.1.1 神经元

神经元（neuron）是神经网络的基本单位。神经网络模型的灵感来自于构成人体大脑的生物神经网络。在生物神经网络中，每一个神经元可以感知环境的变化并且通过突触（synapse）与其他细胞传递信号。突触分为树突（dendrite）和轴突（axon），树突负责接收信号，轴突负责传送信号。图 5.1[Commons, 2020] 描述了生物神经元的结构。

---

[1] 详见 https://cs.stanford.edu/people/eroberts/courses/soco/projects/neural-networks/History/index.html。

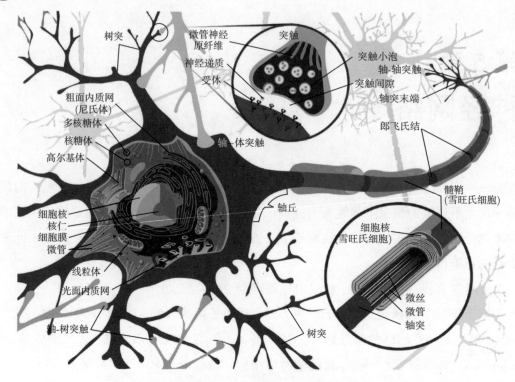

图 5.1　生物神经元的结构

实际上, 神经网络的结构和模式与生物神经网络相似。每一个神经元与其他神经元相连, 信号在不同的神经元之间传递。图 5.2 展示了神经元中发生的数学计算。z_1 表示神经元接收到的输入 x_1 的中间信号, 通过激活函数 σ, z_1 被转换为输出 h_1。

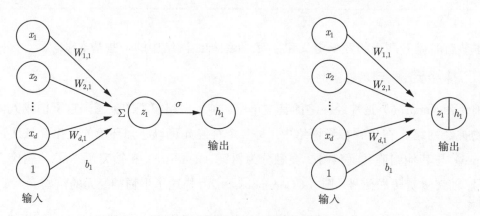

图 5.2　神经网络中的神经元

5.1.2 层

多层次结构是神经网络区别于其他机器学习算法的一个特点。神经元构成了层（layer），不同类型的层组成了网络。通常神经网络由多个层组成。因此，神经网络通常被称为深度神经网络，而神经网络的学习过程也被称为深度学习。

每个神经网络中一般都有三种类型的层：输入层（input layer）、隐藏层（hidden layer）和输出层（output layer）。在卷积神经网络中，隐藏层又同时由卷积层（convolutional layer）和池化层（pooling layer）组成。在循环神经网络中，隐藏层有独特的递归结构。本章的后面部分会详细介绍每一种类型的层。

层与层之间的神经元有不同的连接方式。如果两层之间的每个神经元都互相连接，这种连接方式被称为全连接（full connectivity）。如果一层只有部分神经元与另一层相连，这种方式被称为局部连接（local connectivity）。

5.1.3 激活函数

激活函数（activation function）是神经网络中的一个重要概念，来源于感知机。感知机是神经网络的基础，是一个形式简单的二元线性分类器。函数 f 满足 $f(x) = \text{sign}(Wx + b)$，即 $\forall x \in \mathbf{R}^d$，

$$f(x) = \begin{cases} 1, & Wx + b > 0 \\ -1, & Wx + b < 0 \end{cases}$$

其中，W 表示权重参数；b 表示偏置项。

就像感知机中的函数 f 一样，你可以将神经元想象成一个电路，而激活函数是电路的开关。当神经元接收到足够强的信号时，即 $Wx + b > 0$，神经元被激活，开关被打开。在这种情况下，激活函数的输出是 1。当神经元只接收到较弱的信号时，神经元会保持未激活的状态，这时激活函数的输出是 -1。因此激活函数这个名字十分形象。

需要注意的是，根据激活函数的不同形式，神经元的输出并不局限于 1 和 -1。但是激活函数的原理与感知机类似，都是通过非线性变换将输入转换成输出。下面介绍一些常用的激活函数。

阶跃函数

单位阶跃函数①与感知机的形式十分相似, $\forall x \in \mathbf{R}$,

$$f(x) = \begin{cases} 1, & x > 0 \\ 0, & x = 0 \\ -1, & x < 0 \end{cases}$$

单位阶跃函数的一个最大缺点是 $f(x)$ 在 $x = 0$ 处不可微, 且左右导数在 0 处发散, 因此在神经网络中的使用受到限制。

sigmoid 函数

sigmoid 函数又被称为 S 函数, 因函数形状像字母 S 而得名。sigmoid 函数是阶跃函数的一个扩展, 函数形式如下:

$$\sigma(x) = \frac{1}{1 + \mathrm{e}^{-x}}, \quad \forall x \in \mathbf{R}$$

图 5.3(a) 展示了 sigmoid 函数及其梯度的图像。与单位阶跃函数相比, sigmoid 函数处处可微, 具有良好的数学性质。但是当输入的绝对值较大时, sigmoid 函数的梯度会接近于零, 意味着模型的学习过程很慢, 参数基本无法更新。这被称为梯度消失问题, 是深度神经网络训练过程中的一个常见问题。

双曲正切函数 (tanh 函数)

双曲正切函数 (hyperbolic tangent function) 是 sigmoid 函数的延伸, 其形状与 sigmoid 函数类似,

$$\tanh(x) = \frac{\sinh(x)}{\cosh(x)} = \frac{\mathrm{e}^x - \mathrm{e}^{-x}}{\mathrm{e}^x + \mathrm{e}^{-x}}, \forall x \in \mathbf{R}$$

如图 5-3(b) 所示, 双曲正切函数的输出值在 $-1 \sim 1$, 并且中心对称, 但仍然存在梯度消失的问题。

线性整流函数

线性整流函数 (Rectified Linear Unit, ReLU) 是目前神经网络中最常用的激活函数, 函数形式如下:

$$f(x) = \max(x, 0), \forall x \in \mathbf{R}$$

---

① 单位阶跃函数 (unit step function) 是阶跃函数 (step function) 的一个特例, 在后面的定理 5.1 中请不要混淆这两个函数。

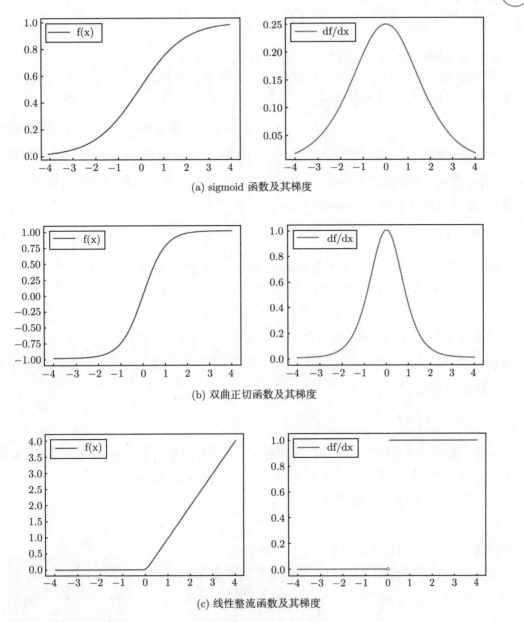

(a) sigmoid 函数及其梯度

(b) 双曲正切函数及其梯度

(c) 线性整流函数及其梯度

图 5.3   不同形式的激活函数

从图 5.3(c) 中梯度的图像可以看出, 虽然线性整流函数在 0 处左右导数不一样（因此不可微）, 但其左右导数都是有限值。并且线性整流函数很好地解决了梯度消失问题, 常用于深度神经网络的训练。

softmax 函数

softmax 函数, 又称归一化指数函数, 函数形式如下:

$$f(x_1, x_2, \cdots, x_n) = \frac{1}{\sum\limits_{i=1}^{n} e^{x_i}} [e^{x_1}, e^{x_2}, \cdots, e^{x_n}], \forall (x_1, x_2, \cdots, x_n) \in \mathbf{R}^n$$

softmax 函数具有良好的数学性质。对于任意 $x \in \mathbf{R}^n$, 输出 $f(x)$ 的每一个元素都是非负的, 同时所有元素相加的和等于 1。因此 softmax 函数经常用于概率分布的建模。在分类问题中, 输出层通常选择 softmax 激活函数。

恒等函数

恒等函数 (identity function) 总是返回与输入相同的函数值, 即

$$f(x) = x, \forall x \in \mathbf{R}$$

前面介绍的大部分激活函数将输出值限定在一个范围内, 但并不适用于输出值是连续变量的回归问题。因此在回归问题中, 输出层一般使用恒等激活函数, 这样网络可以学习任何范围的目标值。

5.1.4 张量

张量 (tensor) 是神经网络中的一个重要概念。神经网络中的所有运算都可以通过张量表示。张量严格的数学定义并不容易理解, 你可以将张量想象成数字沿着不同的轴不断叠加而成。图 5.4 描述了不同维度的张量。

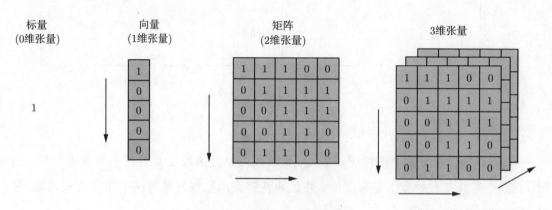

图 5.4　图解不同维度的张量

标量

标量（scalar）是一个 0 维张量，也是一个数字。标量没有轴（axis）。

向量

向量（vector）是一个 1 维张量。多个标量沿水平轴叠加，会形成具有 1 个轴的向量。1维张量在人工神经网络中非常有用，通常是人工神经网络的输入。

矩阵

矩阵（matrix）是一个 2 维张量。多个向量沿垂直轴叠加，会形成具有 2 个轴的矩阵。例如时间序列就是一个（时间维度 × 特征维度）的 2 维张量。2 维张量通常是循环神经网络的输入。

高维张量

可以想象，如果多个矩阵继续沿着一个新轴叠加，将会形成一个 3 维张量。一般而言，一个 d 维张量可以由多个 $d-1$ 维张量在新轴上一个一个叠加而成。3 维张量在卷积神经网络中十分重要，因为卷积神经网络的输入是图像数据，任意彩色图像都是一个 3 维张量。

5.2　人工神经网络

人工神经网络（Artificial Neural Network, ANN）建立在一系列神经元上，神经元之间可以进行信号的传输。本节首先从浅层神经网络开始，介绍神经网络的动机和数学原理。

5.2.1　浅层神经网络

浅层神经网络也被称为 2 层人工神经网络。图 5.5 描述了网络的结构。

浅层神经网络是一个非线性模型，描述了一个由输入空间 $\mathbf{R}^d$ 到输出空间 $\mathbf{R}^e$ 的映射，网络包括一个输入层 $h^{(0)}$、一个隐藏层 $l^{(1)}$ 和一个输出层 $l^{(2)}$。第 l 层被定义为从 $\mathbf{R}^d$ 到 $\mathbf{R}^{n_l}$ 的变换，n_l 表示第 l 层神经元的个数，$l \in \{1, 2\}$。浅层神经网络有如下的递归形式：

(1) 输入层（$h^{(0)} : \mathbf{R}^d \to \mathbf{R}^d$）：

$$x = (x^{(1)}, x^{(2)}, \cdots, x^{(d)}) \mapsto x$$

输入层 $h^{(0)}$ 是一个恒等映射。因为输入层的输入与输出是一样的，也可以把输入层看成神经元输入。

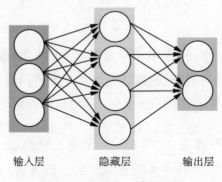

输入层   隐藏层   输出层

图 5.5 2 层人工神经网络

(2) 隐藏层 $(h^{(1)} : \mathbf{R}^d \to \mathbf{R}^{n_1})$：

$$z^{(1)}(x) = \sum_{i=1}^{n_1} \boldsymbol{W}_{i,j}^{(1)} x^{(i)} + \boldsymbol{b}_1^{(1)}$$

$$\boldsymbol{h}^{(1)}(x) = \sigma_1(z^{(1)}(x))$$

其中，参数 $\boldsymbol{W}^{(1)}$ 是一个 $n_1 \times n_0$ 矩阵，$\boldsymbol{b}^{(1)}$ 是一个长度为 n_1 的向量。$(\boldsymbol{W}^{(1)}, \boldsymbol{b}^{(1)})$ 构成了隐藏层的参数集。σ_1 是隐藏层的激活函数，激活函数的计算是逐元素（elementwise）运算。

(3) 输出层 $(h^{(2)} : \mathbf{R}^d \to \mathbf{R}^e)$：

$$z^{(2)}(x) = \sum_{i=1}^{n_2} \boldsymbol{W}_{i,j}^{(2)} x^{(i)} + \boldsymbol{b}^{(2)}$$

$$h^{(2)}(x) = \sigma_{(2)}(z^{(2)}(x)$$

其中，参数 $\boldsymbol{W}^{(2)}$ 是一个 $n_2 \times n_1$ 矩阵；$\boldsymbol{b}^{(2)}$ 是一个长度为 n_2 的向量。$(\boldsymbol{W}^{(2)}, \boldsymbol{b}^{(2)})$ 构成了输出层的参数集。σ_2 是输出层的激活函数。在分类问题中，σ_2 通常是 softmax 函数，而在回归问题中，σ_2 通常是恒等函数。

现在需要解释一个重要的问题：为什么在非线性回归中，使用 sigmoid 激活函数 σ：$x \mapsto \dfrac{1}{1+\mathrm{e}^{-x}}$ 的浅层神经网络是一个自然的选择。首先从单位阶跃函数的万能近似定理开始，然后说明单位阶跃函数与 sigmoid 函数之间的巧妙关联，进而回答这个问题。

在回归问题中, 模型用于描述任意给定的连续函数。为方便讨论, 这里只考虑输入是 1 维的情况。给定任意一个连续函数 $f \in \mathcal{C}(J, \mathbf{R})$, 其中 J 是任意给定的 $\mathbf{R}$ 的紧集, 逼近这个连续函数的一个自然选择是阶跃函数。同时, 阶跃函数可以写成单位阶跃函数的线性组合形式。因此, 可以得到阶跃函数的万能近似定理（定理 5.1）。

定理 5.1 (阶跃函数的万能近似定理)　给定任意 $\mathbf{R}$ 的紧集 J, 有限个加法和

$$\sum_{i=1}^{n-1} C_n \mathbf{1}(t_i \leqslant x < t_{i+1})$$

在 $\mathcal{C}(J)$ 稠密。换言之, 对于任意给定的 $f \in \mathcal{C}(J)$, $\forall \varepsilon > 0$, 存在一个上述形式的有限和 F_C, 即存在 $(t_i)_{i=1}^n$ 满足 $t_1 < t_2 < \cdots < t_n$ 和 $t_i \in J, \forall i \in \{1, 2, \cdots, n\}$, 使得

$$\max_{x \in J} |f(x) - F_C(x)| \leqslant \varepsilon$$

$C := (C_i, t_i)_{i=1}^n \in \mathbf{R}^{2n}$。

现在将万能近似定理由单位阶跃函数拓展到 sigmoid 函数。参数化的 sigmoid 函数形式如下：

$$\sigma(x|\beta, a) := \frac{1}{1 + \exp(-\beta(x - a))}$$

如图 5.6 所示, 当 β 趋近于无穷时, $\sigma(x|\beta, a)$ 的极限逐点收敛于阶跃函数。即对于任意 $x \in \mathbf{R}/\{a\}$,

$$\lim_{\beta \uparrow \infty} \sigma(x|\beta, a) = \mathbf{1}(x > a) \tag{5.1}$$

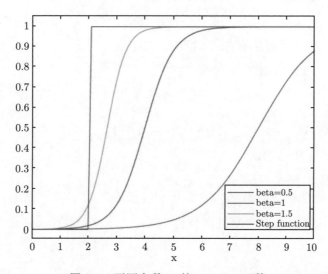

图 5.6　不同参数 β 的 sigmoid 函数

通过调整式 (5.1) 中的参数 β 和 a, 可以进一步证明 sigmoid 函数能够逼近单位阶跃函数。如果使用阶跃函数来逼近一个连续函数, 那么一个自然的想法是选择 sigmoid 函数 (而不是单位阶跃函数) 的线性组合。因为 sigmoid 函数一个极大的优点是可微性, 这个性质对于使用梯度下降方法十分重要。

定理 5.2(浅层神经网络的万能近似定理 [Gybenko, 1989]) σ 表示任意连续的判别函数, 如 sigmoid 函数。有限个加法和

$$\sum_{i=1}^{N} \alpha_j \sigma \left(\sum_{j=1}^{N} \beta_j^{\mathrm{T}} x + \theta_j \right)$$

在 $C(J)$ 稠密, 其中, J 是一个紧集。换言之, 对于任意 $f \in C(J), \forall \varepsilon > 0$, 存在一个上述形式的有限和 $F_{\Theta}(x)$, 使得

$$\max_{x \in J} |F_{\Theta}(x) - f(x)| < \varepsilon$$

$\Theta := \{\alpha_j, \theta_j, \beta_j\}_{j=1}^{N} \in \mathbf{R}^{3N}$。

5.2.2 多层神经网络

对于任意的连续函数 $f : \mathbf{R}^d \to \mathbf{R}^e$, 浅层神经网络提供了一种通用模型。但是浅层神经网络只包含一个隐藏层, 如果添加更多的隐藏层, 原先的网络就变成了多层神经网络。

多层神经网络与浅层神经网络类似, 同样由三种类型的层组成, 即输入层 $h^{(0)}$, 隐藏层 $(h^{(l)})_{l=1}^{L-1}$ 和输出层 $h^{(L)}$。仍然使用浅层神经网络中的符号表示, $h^{(l)}$ 表示神经网络的第 l 层, $l \in \{0, 1, \cdots, L\}$。$n_l$ 表示第 l 层神经元的个数, $h^{(l)}$ 表示由 $\mathbf{R}^d$ 到 $\mathbf{R}^{n_l}$ 的映射, $l \in \{1, 2, \cdots, L\}$。多层神经网络有如下的形式:

- 输入层 ($h^{(0)} : \mathbf{R}^d \to \mathbf{R}^d$):

$$h^{(0)}(x) = x$$

- 隐藏层 ($h^{(l)} : \mathbf{R}^d \to \mathbf{R}^{n_l}$): $\forall l \in \{1, 2, \cdots, L-1\}$。
- 输出层 ($h^{(L)} : \mathbf{R}^d \to \mathbf{R}^e$)。

$(h^{(l)})_{l=1}^{L}$ 有如下的递归形式, 对于任意 $x \in \mathbf{R}^d$,

$$z^{(l+1)}(x) = W^{(l)} h^{(l)}(x) + b^{(l)}$$

$$h^{(l+1)}(x) = \sigma(z^{(l+1)}(x))$$

其中, σ 是激活函数, 例如 sigmoid 函数 $\sigma(x) = \dfrac{1}{1 + \mathrm{e}^{-x}}$。$\theta = (W^{(l)}, b^{(l)})_{l=1}^{L}$ 是参数集。

现在进一步观察在第 $l+1$ 层的第 j 个神经元中进行的计算, 图 5.7 描述了整个计算过程. 对于任意 $x \in \mathbf{R}^d$, 给定第 l 层的神经元 $h^{(l)}(x)$, 则第 $l+1$ 层的神经元 $z_j^{(l+1)}(x)$ 和 $h_j^{(l+1)}(x)$ 的计算过程如下:

$$z_j^{(l+1)}(x) = \sum_{i=1}^{n_l} W_{i,j}^{(l)} h_i^{(l)}(x) + b_j^{(l)}$$

$$h_j^{(l+1)}(x) = \sigma(z_j^{(l+1)}(x))$$

其中, $W_{i,j}^{(l)}$ 是第 l 层输入节点 i 到第 $l+1$ 层输出节点 j 的权重, $b_j^{(l)}$ 是第 $l+1$ 层输出节点 j 的偏置项. 以上计算过程是一种递归算法: 对于任意输入, 计算对应的神经元. 因为上式对任意输入 x 成立, 在不引起歧义的情况下, 后面内容中的 $z^{(l)}(x)$ 和 $h^{(l)}(x)$ 省略 x.

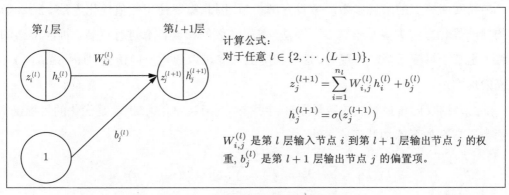

图 5.7　人工神经网络的构成要素

多层神经网络有时也被称为全连接神经网络, 因为相邻两层的节点都是相互连接的. 关于多层神经网络模型的总结见图 5.8. 图 5.9 给出了一个三层神经网络结构的例子[①].

- □ 输入层 ($h^{(0)} : \mathbf{R}^d \to \mathbf{R}^{n_0}$): $h^{(0)}(x) = x$。
- □ 隐藏层 ($h^{(l)} : \mathbf{R}^d \to \mathbf{R}^{n_l}$): $\forall l \in \{1, 2, \cdots, L-1\}$。
- □ 输出层 ($h^{(L)} : \mathbf{R}^d \to \mathbf{R}^e$):

$$z^{(l+1)} = W^{(l)} h^{(l)} + b^{(l)}$$

$$h^{(l+1)} = \sigma(z^{(l+1)})$$

激活函数 σ 一般是非线性形式, 如 sigmoid 函数 $\sigma(x) = \dfrac{1}{1+\mathrm{e}^{-x}}$. $\theta = (W^{(l)}, b^{(l)})_{l=1}^L$ 是参数集.

图 5.8　多层神经网络模型

---

① 详见 http://cs231n.github.io/convolutional-networks/。

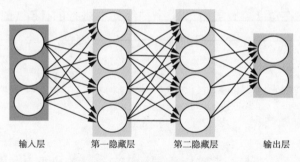

输入层   第一隐藏层   第二隐藏层   输出层

图 5.9 三层神经网络结构

5.2.3 优化方法

神经网络模型的最优参数通常没有解析解, 因此需要使用数值优化方法。2.1.3 节中讨论的标准优化方法大多基于梯度下降法, 需要高效的梯度计算进行更新。神经网络的参数训练也是基于梯度下降法实现的, 这里梯度的计算可以通过反向传播（backpropagation）算法高效地完成。

下面介绍反向传播算法的数学原理。回到损失函数 $L_\theta(\mathcal{D})$, 也就是优化的目标函数。损失函数通常有如下的加性形式

$$L_\theta(\mathcal{D}) = \sum_{i=1}^{N} Q_\theta(x_i, y_i) = \sum_{i=1}^{N} Q(h^{(L)}(x_i) - y_i)$$

其中, θ 是多层神经网络的参数集。通过复合函数求导的链式法则, 假设 Q 是一个可微函数, 可得梯度 $L_\theta(\mathcal{D})$

$$\nabla_\theta L_\theta(\mathcal{D}) = \sum_{i=1}^{N} \nabla_\theta Q(h^{(L)}(x_i) - y_i)$$

$$= \sum_{i=1}^{N} Q'(h^{(L)}(x_i) - y_i) \nabla_\theta h^{(L)}(x_i)$$

原始问题转化为如何计算输出层 $h^{(L)}(x_i)$ 关于 θ 的导数。或许这看起来并不是一个困难的问题, 因为输出层有显式的定义, 可以依次对每个参数求导。但是在实际应用中, 神经网络往往由数百万个参数组成, 依据公式逐个求导的效率非常低。

因此, 可以利用神经网络的递归结构设计一种高效算法来计算导数 $\nabla_\theta h^{(L)}(x_i)$。一种常用的算法是反向传播算法。这种算法利用了神经网络的层次结构和链式法则。反向传播算法计算梯度 $L_\theta(\mathcal{D})$ 的过程分为两个阶段:

(1) **前向传播阶段**：依次计算每一层中每个神经元的值。给定 $x \in \mathbf{R}^d$ 和固定的模型权重 θ，对神经网络中的每一层 $l \in \{1, \cdots, L-1\}$，计算输出

$$z^{(l+1)}(x) = W^{(l)} h^{(l)}(x) + b^{(l)}$$
$$h^{(l+1)}(x) = \sigma(z^{(l+1)}(x))$$

图 5.10 描述了前向传播阶段的过程。

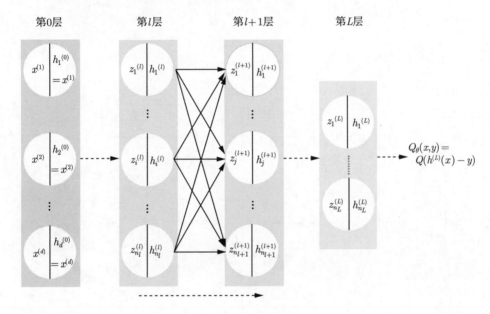

图 5.10　前向传播阶段

(2) **反向传播阶段**：对每一层 $l \in \{L-1, \cdots, 1\}$，反向计算 $Q_\theta(x, y)$ 关于权重 θ 的导数。利用链式法则，可以推导出两层之间导数的递归表达式[①]。下面具体介绍反向传播的主要想法、原理和算法。

人工神经网络的模型参数 $\theta = (\theta^{(l)})_{l \in \{1, \cdots, L\}}$，其中，$\theta^{(l)} = (W_{i,j}^{(l)}, b_j^{(l)})_{\substack{i \in \{1, \cdots, n_{l-1}\} \\ j \in \{1, \cdots, n_l\}}}$。目标是计算 $\partial_{\theta^{(l)}} Q_\theta(x, y)$。直接递归计算偏导数并不容易。但如果将 $z^{(l+1)}$ 当成中间变量，并引入 $\delta_i^{(l)}$

$$\delta_i^{(l)} := \partial_{z_i^{(l)}} Q_\theta(x, y)$$

---

① 更多反向传播算法的资料请参考https://brilliant.org/wiki/backpropagation/。

就容易对 $\delta_i^{(l)}$ 反向递归计算偏导数，从而进一步得到 $\partial_{\theta^{(l)}} Q_\theta(x, y)$。

$\delta_i^{(l)}$ 的递归计算基于一个关键的观察：$Q_\theta(x, y)$ 是一个关于 $z^{(l+1)}(x)$, $W^{(l+1)}$, $b^{(l+1)}$, $\cdots$, $W^{(L-1)}$, $b^{(L-1)}$ 和 y 的函数。其中，只有 $z^{(l+1)}(x)$ 依赖于 $W^{(l)}$ 和 $b^{(l)}$。因此根据链式法则，$\partial_{W_{i,j}^{(l)}} Q_\theta(x, y)$ 和 $\partial_{b^{(l)}} Q_\theta(x, y)$ 可以转化成以下公式：

$$\partial_{W_{i,j}^{(l)}} Q_\theta(x) = \partial_{W_{i,j}^{(l)}} z_j^{(l+1)} \cdot \partial_{z_j^{(l+1)}} Q_\theta(x) = \left(\partial_{W_{i,j}^{(l)}} z_j^{(l+1)} \right) \delta_j^{(l+1)}$$

$$\partial_{b_i^{(l)}} Q_\theta(x) = \partial_{b_i^{(l)}} z_j^{(l+1)} \cdot \partial_{z_j^{(l+1)}} Q_\theta(x) = \left(\partial_{b_i^{(l)}} z_j^{(l+1)} \right) \delta_j^{(l+1)}$$

图 5.11 描述了上述过程。

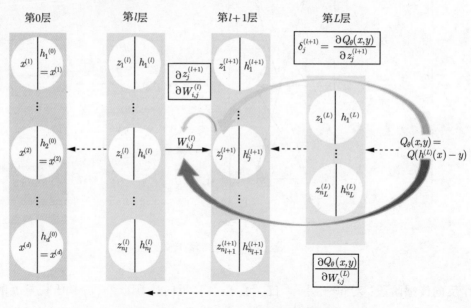

图 5.11　$\partial_{W_{i,j}^{(l)}} Q_\theta(x, y)$ 递归计算图解

现在原始求导问题简化为计算 $\partial_{W_{i,j}^{(l)}} z_j^{(l+1)}$、$\partial_{b^{(l)}} z_j^{(l+1)}$ 和 $\delta_i^{(l)}$，其中根据链式法则，

$$\delta_i^{(l)} = \sum_{j=1}^{n_{l+1}} \delta_j^{(l+1)} \partial_{z_i^{(l)}} z_j^{(l+1)}$$

上式自然地给出了对 $\delta_i^{(l)}$ 进行反向递归的方法，式中的 $\partial_{W_{i,j}^{(l)}} z_j^{(l+1)}$ 可以通过引理 5.1 中的公式计算得到。

引理 5.1 ($\partial_{W_{i,j}^{(l)}} z_j^{(l+1)}$ 计算公式)

$$\partial_{W_{i,j}^{(l)}} z_j^{(l+1)} = \partial_{W_{ij}^{(l)}} \left(\sum_k W_{k,j}^{(l)} h_k^{(l)} + b_j^{(l)} \right) = h_i^{(l)}$$

$$\partial_{b_i^{(l)}} z_j^{(l+1)} = \partial_{b_i^{(l)}} \left(\sum_k W_{k,j}^{(l)} h_k^{(l)} + b_j^{(l)} \right) = 1$$

$$\partial_{z_i^{(l)}} z_j^{(l+1)} = \partial_{z_i^{(l)}} \left(\sum_k W_{k,j}^{(l)} h_k^{(l)} + b_j^{(l)} \right) = \partial_{z_i^{(l)}} (W_{i,j}^{(l)} h_i^{(l)})$$

$$= W_{i,j}^{(l)} \partial_{z_i^{(l)}} (\sigma(z_i^{(l)})) = W_{i,j}^{(l)} \sigma'(z_i^{(l)})$$

现在回到 $\delta_i^{(l)}$ 的计算。图 5.12 描述了使用链式法则反向递归计算 $\delta_i^{(l)}$ 的过程。

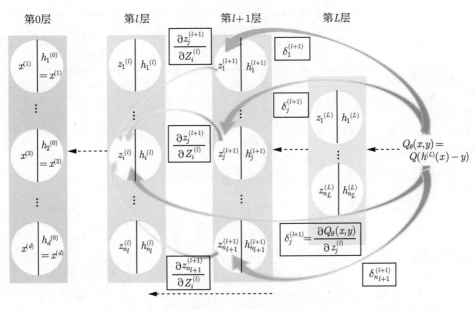

图 5.12　$\delta_i^{(l)}$ 递归计算图解

引理 5.2 ($\delta_i^{(1)} = \partial_{z_i^{(1)}} Q_\theta(x, y)$ 的迭代计算公式)

$$\delta_i^{(l)} = \sum_j \partial_{z_i^{(l)}} z_j^{(l+1)} \delta_j^{(l+1)} = \sum_j \sigma'(z_i^{(l)}) W_{i,j}^{(l)} \delta_j^{(l+1)} = \sigma'(z_i^{(l)}) (W^{(l)} \delta^{(l+1)})_i$$

反向传播算法的核心思想总结见图 5.13, 具体过程见算法 8。

通过反向传播算法可以高效地计算梯度, 在此基础上我们需要考虑神经网络中的优化方法。小批量梯度下降算法结合了批量梯度下降和随机梯度下降,是神经网络中最常用的优化方法,可以较好地处理大型数据集。神经网络中的小批量梯度下降算法总结在算法 9。

目标: 计算 $\nabla Q_\theta(x,y) = \partial_{\theta^{(l)}} Q_\theta(x,y)$, 即分别计算

$$\partial_{W_{i,j}^{(l)}} Q_\theta(x,y) \text{和} \partial_{b_i^{(l)}} Q_\theta(x,y)$$

$$Q_\theta(x,y) = Q(h^{(L)}(x) - y)。$$

策略: 递归计算和链式法则。

$$Q_\theta(x,y) = q(z^{(l+1)}(x), W^{(l+1)}, b^{(l+1)}, \cdots, W^{(L-1)}, b^{(L-1)}, y)$$

只有 $z^{(l+1)}(x)$ 依赖于参数 $W^{(l)}, b^{(l)}$。

$$\partial_{\theta^{(l)}} Q_\theta(x,y) \longleftarrow \begin{cases} \delta_i^{(l)} & (\text{递归计算, 引理5.2}) \\ \partial_{\theta^{(l)}} z_j^{(l+1)} & (\text{显式解, 引理5.1}) \end{cases}$$

图 5.13　反向传播算法的核心思想

算法 8　反向传播算法

1: **输入:** $\theta, (x,y)$。
2: **前向传播阶段:**
3: **for** $l = 1 : L-1$ **do**
4: 　　分别计算 $z^{(l+1)}(x),\, h^{(l+1)}$

$$z^{(l+1)}(x) = W^{(l)} h^{(l)}(x) + b^{(l)}$$

$$h^{(l+1)}(x) = \sigma(z^{(l+1)}(x))$$

5: **end for**
6: **反向传播阶段:**
7: $l = L,\ \delta^{(L)} = \partial_{z^{(L)}} Q_\theta(x,y) = \partial_{z^{(L)}} Q(h^{(L)}(x) - y) = Q'(h^{(L)}(x) - y)\sigma'(z^{(L)}(x))$。
8: **for** $l = (L-1) : 1$ **do**
9: 　　分别计算 $\delta^{(l)}$, $\partial_{W_{i,j}^{(l)}} Q_\theta(x,y)$, $\partial_{b_j^{(l)}} Q_\theta(x,y)$

$$\delta^{(l)} = \sigma'(z^{(l+1)}(x)) \odot (W^{(l)} \delta^{(l+1)})$$

$$\partial_{W_{i,j}^{(l)}} Q_\theta(x,y) = h_i^{(l)} \delta_j^{(l+1)}$$

$$\partial_{b_j^{(l)}} Q_\theta(x,y) = \delta_j^{(l+1)}$$

10: **end for**
11: **return** $\nabla_\theta Q_\theta(x,y)$

算法 9　小批量梯度下降

1: Input：$\mathcal{D} = \{(x_i, y_i)\}_{i=1}^N$, θ_0, N_{epoches}, m（小批量的样本大小）。

2: 初始值 $\theta = \theta_0$。

3: **for** $n = 1 : N_{\text{epoches}}$ **do**

4: 　随机打乱数据集 $\mathcal{D} = \{(x_i, y_i)\}_{i=1}^N$ 的原始顺序。

5: 　**for** $q = 1 : N_{\text{batches}}$ **do**

6:
$$\theta = \theta - \frac{1}{m}\sum_{i=1}^m \eta \nabla_\theta Q_{\theta_n}(x_{(q-1)m+i}, y_{(q-1)m+i})$$

　　　$N_{\text{batches}} = \lceil N/m \rceil$

7: 　**end for**

8: **end for**

9: **return** θ

5.2.4　数值实验：MNIST 数字识别

本小节使用浅层神经网络解决手写数字图像的分类问题。数据来源于 MNIST[①]数据集。MNIST 数据集是数字识别研究中最常用的数据集, 由数字 0~9 的手写图像组成。数据集一共包含了 60 000 张训练图片和 10 000 张测试图片, 这些数字图像分别来自美国人口普查局的雇员和高中学生。图 5.14 展示了 MNIST 数据集的一些样本。

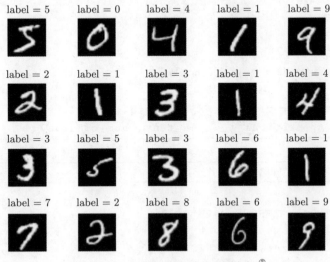

图 5.14　MNIST 数据集部分样本 [②]

---

① 详见 http://yann.lecun.com/exdb/mnist/。

② 详见 http://corochann.com/wp-content/uploads/2017/02/mnist_plot.png。

如代码列表 5.1 所示, 首先需要对 MNIST 数据集进行预处理, 其中关键的一步是将输出的类别由整数编码转换为 One-hot 编码。在代码列表 5.2 中, 我们构建了浅层神经网络并应用于 MNIST 数据集进行数字分类。更多关于 Keras 的代码示例请读者参考更多资源[1]。

代码列表 5.1　预处理 MNIST 数据集中的数据

```
1  import numpy as np
2  from keras.datasets import mnist
3  from keras.utils import to_categorical
4  # 加载MNIST数据集
5  from keras.datasets import mnist
6  (x_mnist_train, y_mnist_train), (x_mnist_test, y_mnist_test) = mnist.
       load_data()
7  #将输入图像数据从矩阵转换为向量
8  [n_samples_train, width, height] = np.shape(x_mnist_train)
9  [n_samples_test, width, height] = np.shape(x_mnist_test)
10 x_train = x_mnist_train.reshape([n_samples_train, width*height]).
       astype('float32')
11 x_test = x_mnist_test.reshape([n_samples_test, width*height]).
       astype('float32')
12 #标准化输入数据
13 x_train /= 255
14 x_test /= 255
15 # 将输出的类别由整数编码转换为One-hot编码
16 num_classes = 10
17 y_train = to_categorical(y_mnist_train, num_classes)
18 y_test = to_categorical(y_mnist_test, num_classes)
```

代码列表 5.2　使用浅层神经网络进行数字分类

```
1  import time
2  from keras.models import Sequential
3  from keras.layers.core import Dense
4  from keras.optimizers import SGD
5  def shallow_NN_model(n_hidden_neurons):
6      """ 构建浅层神经网络"""
7      start_time = time.time()
```

---

[1] 详见 http://parneetk.github.io/blog/neural-networks-in-keras/。

```
8      print('Compiling Model ... ')
9      model = Sequential()
10     # 添加ReLU激活函数的隐藏层
11     model.add(Dense(n_hidden_neurons, activation='relu', input_dim
           =784))
12     # 添加softmax激活函数的输出层
13     model.add(Dense(10, activation = 'softmax'))
14     # 这里我们使用Keras中SGD的常用参数设置
15     sgd = SGD(lr=0.1, decay=1e-6, momentum=0.9, nesterov=True)
16     model.compile(loss='categorical_crossentropy', optimizer=sgd,
           metrics=['accuracy'])
17     print('Model compield in {0} seconds'.format(time.time() - start_
           time))
18     return model
19 #创建一个模型实例
20 model = shallow_NN_model(n_hidden_neurons=50)
21 #使用模型拟合数据集
22 hist_ANN = model.fit(x_train, y_train, epochs=100, batch_size=256,
       validation_data=(x_test, y_test), verbose=2)
```

在代码列表 5.3 中定义了 plot_hist_loss() 和 plot_hist_accuracy() 两个函数, 分别用于绘制模型在训练集和测试集上的损失函数和准确率。

代码列表 5.3 绘制模型训练历史

```
1  import matplotlib.pyplot as plt
2  def plot_hist_loss(hist):
3    """ 绘制模型的损失函数"""
4    plt.figure()
5    plt.plot(hist.history['loss'], 'b', linewidth=1.5)
6    plt.plot(hist.history['val_loss'], 'r', linewidth=1.5)
7    plt.legend(['Training set','Testing set'])
8    plt.xlabel('Epochs')
9    plt.ylabel('Loss')
10 def plot_hist_accuracy(hist):
11   """ 绘制模型的准确率"""
12   plt.figure()
13   plt.plot(hist.history['acc'], 'b', linewidth = 1.5)
14   plt.plot(hist.history['val_acc'], 'r', linewidth = 1.5)
```

```
15    plt.legend(['Training set','Testing set'])
16    plt.xlabel('Epochs')
17    plt.ylabel('Accuracy')
18  #绘制模型在训练集和测试集上的损失函数和准确率
19  plot_hist_loss(hist_ANN)
20  plot_hist_accuracy(hist_ANN)
```

图 5.15 和图 5.16 分别展示了浅层神经网络在训练集和测试集上的损失函数和准确率, 图 5.17 展示了模型的混淆矩阵。从混淆矩阵可以看出, 最容易混淆的数字对是 $(3,8)$。在 MINST 数据集上, 使用浅层神经网络进行数字识别最高可以达到 97% 左右的准确率。

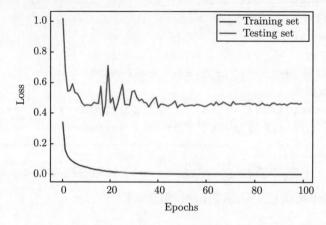

图 5.15　浅层神经网络在训练集和测试集的损失函数

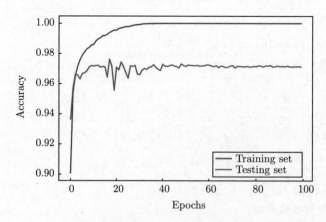

图 5.16　浅层神经网络在训练集和测试集的准确率

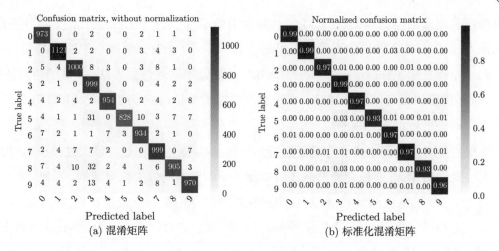

图 5.17 浅层神经网络在 MNIST 测试集上的（标准化）混淆矩阵

5.3 卷积神经网络

卷积神经网络（Convolutional Neural Network, CNN）是一类在图像识别相关的学习任务中非常有效的神经网络。相比于人工神经网络，卷积神经网络可以最大限度地保留图像数据的原始空间信息。目前卷积神经网络已经被广泛应用于人脸识别、场景标签、图像分类、动作识别和文档分析等各种实际问题。除此之外，在自然语言处理领域的语音识别和文本分类问题上，卷积神经网络也被证明能够达到最佳的准确率。关于卷积神经网络的应用，[Bhandare et al., 2016] 给出了一个全面的总结。

5.3.1 原理简介

卷积神经网络与人工神经网络有很多共同点。卷积神经网络仍然表示一个可微的输出函数：从一端的原始图像映射到另一端的分类标签。分类问题中，卷积神经网络的最后一层仍然是全连接层，一般使用 softmax 激活函数。在确定损失函数后，卷积神经网络的优化方法和人工神经网络一样，大部分人工神经网络的技巧仍然适用于卷积神经网络。

但与人工神经网络不同的是，卷积神经网络只具有局部连接性。卷积神经网络的灵感来自于视觉系统的结构。[Hubel and Wiesel, 1962] 的研究发现：猫的初级视觉皮层中的细胞对视觉区域中的小区域非常敏感，这些小区域被称为感受野（receptive field）。卷积神经网络也采用了相似的结构, 并且引入了两种新类型的层 —— 卷积层和池化层。在卷积层中, 滤波器 (filter) 与输入图像的不同感受野进行卷积运算 (一般滤波器小于输入图像), 并最终得到一个特征图 (feature map)。在池化层中, 通过不同的池化方法, 关键的信息被提取出来, 而不重要的信息则被过滤掉。这种层次结构使得卷积神经网络可以有效地学习输入图像中不同小区域的关键信息。

卷积神经网络的两个特点是**局部连接**和**权值共享**, 这两个特点可以大量减少模型参数。与人工神经网络相比, 卷积神经网络还可以保留原始数据图像的空间结构。例如, 对于一个大小为 (28, 28) 的灰度图像数据, 可以直接在原始图像的基础上使用卷积神经网络。但如果使用人工神经网络, 则必须首先把原始图像 "平铺", 将原始图像变为 (784, 1) 的向量。因此, 人工神经网络忽略了原始图像的形状, 在复杂的图像识别任务中表现不佳。卷积神经网络在处理具有空间相关性的数据, 尤其是图像数据时, 有着得天独厚的优势。

LeNet 提出于 20 世纪 90 年代 [LeCun et al., 1995], 是最早推动深度学习领域发展的卷积神经网络之一。这项由 Yann LeCun 所做的开创性工作, 自 1988 年以来经过多次更迭, 最终被命名为 LeNet-5。在当时, LeNet 主要被应用于字符识别, 如读取邮政编码和数字等任务。尽管在上述问题中有良好的表现, 由于缺乏大量的训练数据和强大的计算能力, LeNet-5 在复杂问题 (如视频分类) 上表现不佳。随着图形处理器 (Graphics Processing Unit, GPU) 被应用于机器学习 [Steinkraus et al., 2005], 卷积神经网络经历了一个复兴阶段。近年来, 深度学习在图像识别领域发展迅速, 出现了许多新的网络结构, 如 AlexNet[Krizhevsky et al., 2012]、VGGNet [Simonyan and Zisserman, 2014]、GoogleNet[Szegedy et al., 2015] 和 ResNet[He et al., 2016])。这些神经网络在 LeNet 的基础上进行改进, 并在图像分类任务上有显著提升。但是大多数网络结构仍然使用 LeNet 中的主要概念, 如果对 LeNet 有一个清晰的理解, 那么很容易理解这些网络结构。为了更好地理解 LeNet 的网络结构, 接下来首先介绍卷积神经网络的主要组成部分。

5.3.2 图像数据

什么是图像数据? 图像本质上是由像素值组成的矩阵。如图 5.18 所示, 灰度图像可以表示为一个 2 维张量 (矩阵), 矩阵元素介于 0~255。(W, H) 表示宽度为 W, 高度为 H 的灰度图像 (黑白图像)。

彩色图像比灰度图像多一个维度, 被称为深度 (depth), 表示通道数量。一个彩色图像

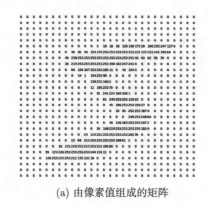

(a) 由像素值组成的矩阵

(b) 手写数字5

图 5.18　MNIST 数据集的一个样本

有红绿蓝（RGB）三个通道，可以表示为一个 3 维张量。$(W, H, 3)$ 表示宽度为 W，高度为 H，通道数为 3 的彩色图像。图 5.19 给出了彩色图像的一个例子。图 5.19(a) 的三张图分别表示红绿蓝三个色彩通道，三个通道沿深度轴叠加形成图 5.19(b) 所示的彩色图像。

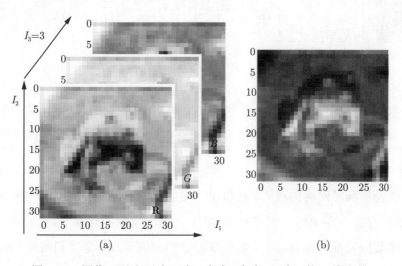

图 5.19　图像可以表示为一个（宽度, 高度, 深度）的 3 维张量

定义 5.1 给出了图像数据的定义。

定义 5.1（**图像数据**）　维度为 (W, H, d) 的图像数据是一个 3 维张量

$$\boldsymbol{X} = (X_{i,j,k})_{i \in [W], j \in [H], k \in [d]} \in \mathbf{R}^{W \times H \times d}$$

其中，$[W]$ 表示集合 $\{1, 2, \cdots, n\}$；W 和 H 分别表示图像的宽度和高度（即空间维度）；d

为通道的维度（又叫作深度）。

提示 5.1 维度为 (W, H, d) 的图像数据也可以被看作一个从 $[W] \times [H]$ 到 $\mathbf{R}^d$ 的映射，记为 $\mathcal{F}([W] \times [H], \mathbf{R}^d)$。它的图像大小为 $(W \times H)$。值得注意的是，这里的空间维度与通道维度有很大的不同，空间维度具有表示空间紧密度的物理意义，而通道维度（特征）没有。

5.3.3 模型

以图 5.20[①] 中的 LeNet 为例，卷积神经网络通常由三种层组成：

☐ 卷积层。

☐ 池化层。

☐ 全连接层（Dense 层）。

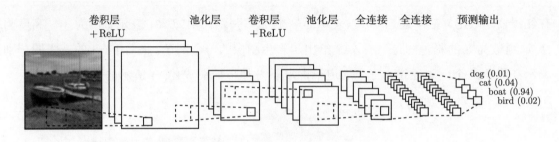

图 5.20 LeNet 的网络结构

在接下来的内容中，首先详细介绍卷积神经网络中的卷积层和池化层，然后讨论 LeNet 的网络结构，最后通过代码实现 LeNet 并应用于 Cifar10 数据集进行图像识别。

卷积层

卷积层是卷积神经网络的核心。卷积层的核心思想是通过局部连接和权值共享的网络结构，有效地保存输入图像的关键信息，同时大大降低模型的复杂度。卷积层的参数是一组可以学习图像数据特征的滤波器[②]。每个滤波器的空间维度（宽度和高度）都很小，但是其深度可以延伸到和输入数据相同。

例如，第一个卷积层上的滤波器大小通常为 $5 \times 5 \times 3$（宽度和高度分别为 5，图像深度为 3）。在前向传播阶段，滤波器在输入数据的宽度和高度范围内不断滑动，滑动时对应的小区域就是感受野。在每一个位置上，滤波器和感受野进行点乘运算，这一过程就是卷积

---

① 图片来源：详见 https://images.app.goo.gl/pifW7zjZigjS3bAS8。

② 又称卷积核（convolution kernel），本书中统一使用滤波器的名称。

运算。当滑动完成时，不同位置的卷积运算结果最终组成一个 2 维特征图，特征图给出了滤波器在每个空间位置上的响应。在接下来的部分会详细介绍卷积层的数学定义以及工作原理。有兴趣的读者可以从网络获得更多卷积神经网络的参考资料①。

首先从图 5.21 所示的灰度图像的例子开始。正如前面所介绍的，每一个灰度图像都可以表示成一个像素值的矩阵。像素值一般介于 0~255，图 5.21(a) 中的绿色矩阵 $(\boldsymbol{X}_{i,j})_{i,j=1}^{5}$ 是一个特殊例子，取值只有 0 和 1，表示 5×5 的黑白图像。

1	1	1	0	0
0	1	1	1	0
0	0	1	1	1
0	0	1	1	0
0	1	1	0	0

(a) 灰度图像输入数据

1	0	1
0	1	0
1	0	1

(b) 2维滤波器

图 5.21　灰度图像卷积计算示例

下面解释卷积运算是如何进行的。图 5.21(b) 中的黄色矩阵是一个滤波器，表示为 $(\boldsymbol{W}_{i,j})_{i,j=1}^{3}$。将滤波器沿着图 5.21(a) 表示的原始图像以一个像素的步幅（stride）不断滑动，并且在每一个滑动的位置计算两个矩阵对应元素的乘积并求和。卷积运算的最终结果是一个数字，同时也是输出矩阵的一个元素，这个输出矩阵被称为特征图。图 5.22 描述了这一过程，特征图用粉色表示。

在图 5.22(a) 中，输出矩阵的第一个元素通过 $(\boldsymbol{X}_{i,j})_{i,j=1}^{3}$ 和 $(\boldsymbol{W}_{i,j})_{i,j=1}^{3}$ 点乘得到。在这个计算过程中，输出矩阵的第一个元素只依赖于原始图像的一小部分，这一部分被称为感受野。

$$(\boldsymbol{X}_{i,j})_{i,j=1}^{3}\cdot(\boldsymbol{W}_{i,j})_{i,j=1}^{3}=\begin{bmatrix}1&1&1\\0&1&1\\0&0&1\end{bmatrix}\cdot\begin{bmatrix}1&0&1\\0&1&0\\1&0&1\end{bmatrix}=\sum_{i,j=1}^{3}\boldsymbol{X}_{i,j}\boldsymbol{W}_{i,j}=4$$

① 详见https://ujjwalkarn.me/2016/08/11/intuitive-explanation-convnets/。
详见http://cs231n.github.io/convolutional-networks/。

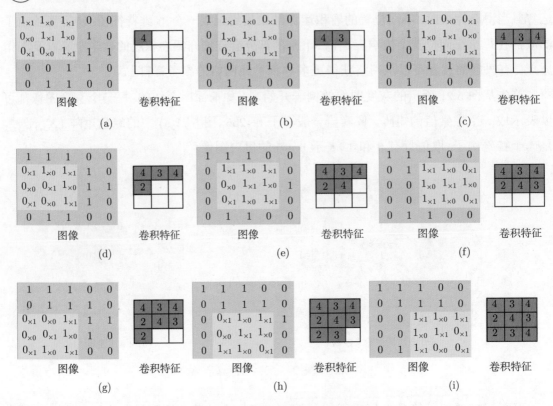

图 5.22 黑白图像的卷积运算

在上面的示例中, 图片的维度是 $(5,5)$, 滤波器空间维度（核大小）是 $(3,3)$, 步幅是 $(1,1)$。一般而言, 对于大小为 (w_1, w_2) 的图片, 滤波器维度是 (f_1, f_2), 步幅是 (s_1, s_2)。由于最后一个感受野可能会超出图片边界, 因此填充 (padding) 是卷积层中另一种常见的可以解决这个问题的运算。填充指在输入矩阵的边界填充元素 0, 从而使得卷积算子的维度成为整数。(p_1, p_2) 表示填充的维度, 则以下等式成立:

$$w_i + p_i = f_i + \widetilde{w}_i s_i, \ \forall i \in \{1, 2\} \tag{5.2}$$

其中, w_i 是使得 $w_i \geqslant f_i + (n+1)s_i$ 成立的最大的整数。

一般而言, 卷积算子的输出维度是 $(\tilde{w}_1, \tilde{w}_2)$, 可以由以下公式得到:

$$\tilde{w}_i = \frac{w_i - f_i + p_i}{s_i} + 1, \forall i \in \{1, 2\} \tag{5.3}$$

彩色图像与黑白图像的卷积运算基本相同, 在运算过程中, 不同的感受野共享同一个滤波器。为了得到特征图, 滤波器和感受野进行点乘运算。对于彩色图像, 唯一的不同是滤波器和感受野都是 3 维张量, 而不是黑白图像中的 2 维张量。在这种情况下, 滤波器的空间维度比输入图像小, 但是拥有相同的深度。滤波器作为一个共享的权值, 当滑动感受野时, 滤波器和感受野相互作用得到特征图。

提示 5.2(权值共享)　　彩色图像的卷积运算和黑白图像相同, 只不过需要将不同色彩通道的结果相加。如图 5.23 所示, 橙色的滤波器和输入图像都是 3 维张量。首先, 蓝色的感受野沿彩色图像的深度方向分别与 3 个通道进行点乘运算, 并相加得到输出中对应的蓝色元素。同样以 1 的步幅在 3 个通道分别滑动绿色的滤波器, 相加可以得到输出中对应的绿色元素。可以想象一下, 如果在整个输入图像中滑动感受野, 将得到这个滤波器对应的输出, 即一个 2 维张量。在这个过程中, 不同的感受野与同一个滤波器相乘, 共享了滤波器的权值。

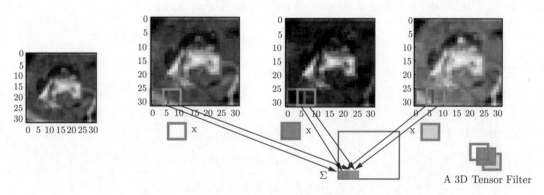

图 5.23　彩色图像的卷积运算

对于彩色图像, 一个滤波器的输出仍然是 2 维张量, 在这里可以把输出看成一个黑白图像。假设有多个滤波器, 给定一个输入图像, 不同滤波器的输出叠加在一起形成一个 3 维张量。相当于若干个空间维度相同的黑白图像叠加, 其中黑白图像的个数对应滤波器的个数。

以上两个例子详细解释了如何计算卷积特征。接下来抽象这个过程, 给出卷积算子和卷积层的数学定义。为了方便讨论, 引入以下符号。

定义 $\tilde{n}_1 + [\tilde{n}_2] := (\tilde{n}_1 + 1, \tilde{n}_1 + 2, \cdots, \tilde{n}_1 + \tilde{n}_2), \forall \tilde{n}_1, \tilde{n}_2 \in \mathbf{N}^+$。对于卷积运算, 在 (x_1, x_2) 步、步幅为 (s_1, s_2)、核大小为 (f_1, f_2) 的感受野的空间区域为

$$((x_1 - 1)s_1 + [f_1]) \times ((x_2 - 1)s_2 + [f_2]) \tag{5.4}$$

式 (5.4) 可以重新写为 $s \circ (x-1) + f$, 其中 $\circ$ 表示两个矩阵的 Hadamard 乘法, $s = (s_1, s_2)$, $f = (f_1, f_2)$。

定义 5.2 (卷积算子) $\mathcal{C}_{\mathcal{W}}$ 是一个由 $\mathcal{F}([w_1] \times [w_2], \mathbf{R}^d)$ 到 $\mathcal{F}([\tilde{w}_1] \times [\tilde{w}_2], \mathbf{R}^{\tilde{d}})$ 的映射, 其中, W 表示大小为 $(f_1, f_2, d, \tilde{d})$ 的滤波器, 步幅 $s \in \mathbf{Z}^2$。如果满足条件, 则 $\mathcal{C}_w$ 被称为卷积算子: 对于 $i = 1, 2, s_i \in [w_i]$; 任意 $h \in \mathcal{F}([w_1] \times [w_2], \mathbf{R}^d)$, $\forall x \in [\tilde{w}_1] \times [\tilde{w}_2]$, 以下等式成立

$$\mathcal{C}_{\mathcal{W}}(h)(x) = \int_{\mathbf{Z} \times \mathbf{Z}} h(s \circ (x-1) + f - y) \cdot \Phi_W(y) \mathrm{d}y := h * \Phi_W(s \circ (x-1) + f)$$

其中, $\circ$ 表示矩阵的 Hadamard 乘积, $s = (s_1, s_2)$, $f = (f_1, f_2)$。

核函数 Φ_W 定义为 $\forall x = (x_1, x_2) \in z^d$,

$$\Phi_W(x) = \mathbf{1}(x_1 \in [f_1], x_2 \in [f_2]) \boldsymbol{W}_{x_1, x_2} \in \mathbf{R}^{d \times \tilde{d}}$$

其中, $(\tilde{w}_1, \tilde{w}_2)$ 由式 (5.3)[①]给出。

其中, 这里关于两个函数 f 和 g 的卷积 $*$ 由如下等式定义。

$$(f * g)(t) = \int_s f(t-s)g(s)\mathrm{d}s, \ \forall t \in \mathbf{R}$$

定义 5.3 (卷积层) 如果 $h^{(l)}$ 满足以下条件:

❑ 存在正整数 W_0、H_0、W_l、H_l, 使得 $h^{(l)}$ 是一个由 $\mathcal{F}([W_0] \times [H_0], \mathbf{R}^{d_0})$ 到 $\mathcal{F}([W_l] \times [H_l], \mathbf{R}^{d_l})$ 的映射。

❑ 对于任意给定大小为 $(s_1, s_2, d, \tilde{d})$ 的滤波器:

$$h^{(l)} = \sigma(\mathcal{C}_W(h^{(l-1)}))$$

其中, σ 是激活函数, $\mathcal{C}_W$ 是步幅为 $s \in \mathbf{Z}^i$、从 $\mathcal{F}([W_{l-1}] \times [H_{l-1}], \mathbf{R}^{d_{l-1}})$ 到 $\mathcal{F}([W_l] \times [H_l], \mathbf{R}^{d_l})$ 的卷积算子。(W_l, H_l) 由式 (5.3) 计算得到, 输入图像的空间维度为 (W_{l-1}, H_{l-1})、核大小为 (f_1, f_2)、步幅为 s, 则将第 l 层 $h^{(l)}$ 称为步幅 s 和滤波器大小为 (f_1, f_2, d_{l-1}, d_l) 的卷积层。

提示 5.3 卷积神经网络中可训练的参数数量等于滤波器的大小总和, 即 $(s_1, s_2, d, \tilde{d})$, 而与输入图片大小无直接关系。

需要注意的是, 滤波器可以提取原始输入图像的特征。从图 5.23 中可以看到, 很显然特征图是滤波器的函数。

卷积层的参数由一系列滤波器组成。相对于输入数据, 滤波器空间维度较小, 但是可以扩展到输入的整个深度空间。在前向传播阶段, 每个滤波器会沿着输入数据的空间范围进行卷积运算, 计算滤波器和输入元素之间的点积, 并生成该滤波器的 2 维特征图。

---

① 两个函数 f 和 g 的卷积算子定义如下: 对于所有 $t \in \mathbf{R}$, $f * g(t) = \int_s f(t-s)g(s)\mathrm{d}s$。

滤波器的深度始终等于输入数据的深度，即在深度轴上是完全连接的。必须要强调的一点是，卷积运算在处理空间维度（宽度和高度）和通道维度时具有不对称性。如图 5.24 所示，卷积层在空间维度局部连接，但在深度上完全连接。图 5.24 中绿色表示一个输入示例，它是 Cifar10 数据集 $32 \times 32 \times 3$ 的一个图像样本。粉色表示卷积层中的神经元。卷积层中的每个神经元，只在空间维度上与输入数据的一个局部区域连接，这个局部区域叫作感受野。但在深度上，则与所有的色彩通道完全连接。需要注意的是，多个神经元（在本例中是 4 个）都与输入数据中的相同区域相连。

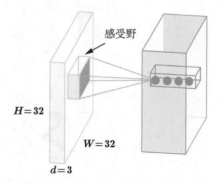

图 5.24　卷积层在空间维度局部连接，在深度上完全连接

提示 5.4（局部连接）　当处理图像这类高维的输入数据时，将一个神经元连接到上一层中所有神经元是不切实际的。例如，一张 100×100 的图像，在人工神经网络中，隐藏层中的一个神经元就有 $100^2 \times 3$ 的权重参数。如果添加更多的隐藏层，人工神经网络进行图像识别需要训练的参数数量庞大，训练所需的计算量可能超出计算机的计算能力。相对于数量庞大的参数，图像的样本数量显得过于稀疏，导致人工神经网络出现过拟合问题。但在卷积神经网络中，每个神经元只与输入的一个局部区域相连。正是由于卷积神经网络这种空间维度上的局部连接方式，卷积神经网络中可训练的参数数量等于所有滤波器的大小总和，通常远远小于全连接层。

池化层

池化层是卷积神经网络中另一种重要的结构。空间池化又称子采样（subsampling）或下采样（downsampling），作用在于降低特征图的维数，从而保留最重要的信息。空间池化有多种方法：max、average、sum 等。

这里以最常用的最大池化（max pooling）为例说明池化层的计算过程。最大池化首先需要定义特征图中的一个空间邻域（如一个 2×2 的小窗口），并从这个区域内取出最大元素。然后依次遍历所有的小窗口，所有最大元素组成一个新矩阵。池化层将沿着空间维度（宽度和高度）进行下采样，从而实现降维。在图 5.25 中，图像的空间维度由 224×224 降低到 112×112。

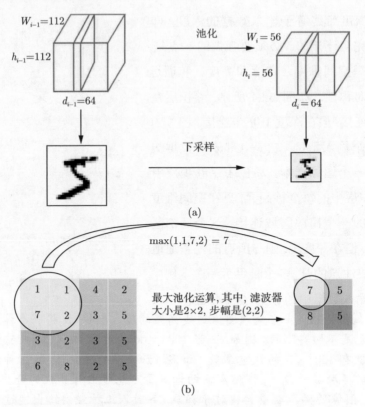

图 5.25　池化层计算示例

在图 5.25 中, 池化层的步幅和滤波器的空间大小均为 $(2,2)$。$(1,1)$ 步的感受野（黄色区域）是一个 $\{1,2\} \times \{1,2\}$ 的空间区域。如果向右移动一步, 感受野移到 $(1,2)$ 步, 其空间区域为 $\{1,2\} \times \{3,4\}$(绿色区域)。一般而言, 对于池化运算, 在 (x_1,x_2) 步、步幅为 (s_1,s_2)、滤波器大小为 (f_1,f_2) 的感受野的空间区域为 $((x-1) \circ s + [f])$ (式 (5.4)), 这和卷积层的运算类似。

为了给出池化算子和池化层的数学定义, 引入以下符号: h 表示一个从 $\mathbf{Z}^2$ 到 $\mathbf{R}^d$ 的函数, $S \subset \mathbf{Z}^2 a$; 对于任意 $s \in S$, $h(S)$ 表示一个由 $h(s)$ 组成的集合, 即 $h(S) := \{h(s)|s \in S\}$; g 表示一个从 $\mathbf{R}^{f_1 \times f_2}$ 到 $\mathbf{R}$ 的映射, 定义基于 g 的函数 $\tilde{g}: h \in \mathbf{R}^{f_1 \times f_2 \times d} \rightarrow \mathbf{R}^d$, 使得对于任意 $h = (h^1, h^2, \cdots, h^d) \in \mathbf{R}^{f_1 \times f_2 \times d}$,

$$\tilde{g}(h) := (g(h^1), g(h^2), \cdots, g(h^d))$$

对于任意 $i \in [d]$, h^i 是 h 的第 i 个特征的映射。

下面给出池化算子和池化层的数学定义。

定义 5.4 (池化算子)　步幅 $(s_1, s_2) \in \mathbf{Z}^2$，滤波器大小 $f = (f_1, f_2) \in \mathbf{Z}^2$，激活函数 $g : \mathbf{R}^{f_1 \times f_2} \to \mathbf{R}$。如果满足以下条件，则 $\mathcal{P} : \mathcal{F}([W] \times [H], \mathbf{R}^d) \to \mathcal{F}([\tilde{W}] \times [\tilde{H}], \mathbf{R}^d)$ 被称为池化算子，其中，$(\tilde{W}, \tilde{H})$ 由式 (5.3) 给出。对于任意 $h \in \mathcal{F}([W] \times [H], \mathbf{R}^d)$ 和任意 $x = (x_1, x_2) \in [\tilde{W}] \times [\tilde{H}]$，以下等式成立：

$$\mathcal{P}(h)(x) = \tilde{g}(h((x-1) \circ s + [f]))$$

定义 5.5 (池化层)　$h^{(l)} : \mathcal{F}([W_0] \times [H_0], \mathbf{R}^{d_0}) \to \mathcal{F}([W_l] \times [H_l], \mathbf{R}^d)$ 是第 l 层神经网络。$\mathcal{P} : \mathcal{F}([W_{l-1}] \times [H_{l-1}], \mathbf{R}^{d_{l-1}}) \to \mathcal{F}([W_l] \times [H_l], \mathbf{R}^{d_l})$ 是池化算子，其中，步幅 $s_{\mathcal{P}} = (s_1, s_2)$、滤波器大小 $f_{\mathcal{P}} = (f_1, f_2)$、激活函数 $g : \mathbf{R}^{f_1 \times f_2} \to \mathbf{R}$，

$$h^{(l)} = \mathcal{P}(h^{(l-1)})$$

则将 $h^{(l)}$ 称为神经网络的池化层。

池化层常见的激活函数包括 max 函数和 average 函数，这些函数都具有排列不变性的特点。

提示 5.5　池化层中没有需要训练的模型参数，其主要作用在于降维，同时通过池化运算保留关键信息。

LeNet 网络结构

在理解卷积层和池化层之后，可以对 LeNet 的网络结构有一个清晰的认识。图 5.17 描述了 LeNet 的结构，LeNet 由以下不同类型的层依次叠加而成：

❑ 输入层。

❑ 卷积层，使用 ReLU 激活函数。

❑ 池化层。

❑ 卷积层，使用 ReLU 激活函数。

❑ 池化层。

❑ 两个全连接层。

❑ 输出层，使用 softmax 激活函数的全连接层。

LeNet 的卷积层选择 ReLU 激活函数，而输出层选择 softmax 激活函数。分类任务的目标是预测每个类别的条件概率，因此需要保证输出层的每一个神经元非负并且所有神经元的和为 1。softmax 函数正满足了这两个条件。

还需要注意的是, 第二个池化层的输出是表示图像数据的 3 维张量。为了将这个 3 维张量转换为全连接层的输入, 需要将图像数据平铺成一个 (可能很长的) 向量, 然后输入全连接层。

学习过程的可视化

一般而言, 卷积神经网络的学习过程是渐进式的。随着卷积层数加深, 神经网络能学习到更复杂和高级的特征。例如, 在图 5.26 手写数字分类的例子中, 第一个卷积层学习原始像素的边缘区域, 第二个卷积层会使用学习到的边缘区域继续学习简单形状。之后的卷积层继续使用学习到的简单形状来学习更高层次的特征, 如较深的卷积层会学习人脸形状。图 5.26 将 LeNet 在 MNIST 数据集学习过程中每一层的神经元进行可视化。对更多卷积神经网络细节感兴趣的读者, 可以参阅更多资料[①]。

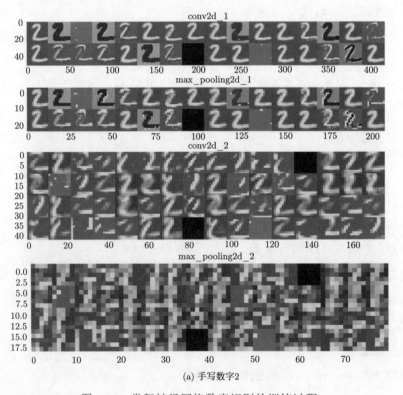

(a) 手写数字2

图 5.26　卷积神经网络数字识别的训练过程

---

① 详见 https://www.kaggle.com/amarjeet007/visualize-cnn-with-keras。

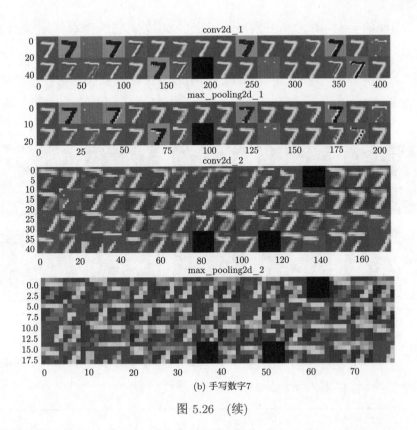

(b) 手写数字7

图 5.26　(续)

5.3.4　优化方法

卷积层的参数估计与全连接层基本相同, 不同的是, 需要根据滤波器的大小在卷积层上增加一个表示神经元之间是否连接的指示函数。如果神经元之间连接则权重为 1, 否则为 0。在卷积层中, 反向传播算法仍然适用于计算损失函数关于参数的导数。

5.3.5　数值实验: Cifar10 图像识别

Cifar10[①]数据集是机器学习领域最常用的图像识别数据集之一, 目标是设计算法进行图像分类。图像分类可以被看作由多个输入输出构成的分类问题（输入 X, 输出 Y）~（图像, 标签）。

在接下来的数值实验中, 可以应用卷积神经网络学习输入与输出之间的函数关系, 并预测新输入数据的标签类别。首先看一下 Cifar10 数据集的样本。Cifar10 数据集中的图像

① 详见 https://www.cs.toronto.edu/ kriz/cifar.html。

被分为 10 个不同的类别, 图 5.27 分别展示了来自 10 个类别的样本, 每个样本的标签位于图像上方①。对于 Cifar10 数据集, 目前使用 Fractional max-pooling[Graham, 2014] 可以达到最高 96.53% 的准确率。DenseNet[Huang et al., 2017] 也可以实现同样的准确率, 同时网络模型的参数更少。

图 5.27 Cifar10 数据集的样本

代码列表 5.4 给出了预处理 Cifar10 数据集的代码。与人工神经网络不同的是, 本例中的输入数据是 3 维张量, 因为这里将使用 LeNet 进行学习。

代码列表 5.4 预处理 Cifar10 数据集中的数据

```
1   from keras.datasets import cifar10
2   from keras.utils import to_categorical
3   # 加载Cifar10数据集
4   (x_cifar10_train, y_cifar10_train), (x_cifar10_test, y_cifar10_test)
        = cifar10.load_data()
5   #标准化输入数据
6   x_train = x_cifar10_train.astype('float32')
7   x_test = x_cifar10_test.astype('float32')
8   x_train /= 255
9   x_test /= 255
10  # 将输出的类别由整数编码转换为One-hot编码
11  num_classes = 10
12  y_train = to_categorical(y_cifar10_train, num_classes)
13  y_test = to_categorical(y_cifar10_test, num_classes)
```

---

① 网站 http://rodrigob.github.io/are_we_there_yet/build/classification_ datasets_results.html中总结了图像识别中的经典数据集, 包括 MNIST、Cifar10、Cifar100 等, 并且提供了各种识别方法的准确率。

在代码列表 5.5 中, 使用 LeNet 构建卷积神经网络并应用于 Cifar10 数据集进行图像识别。

代码列表 5.5 使用 LeNet 实现卷积神经网络进行图像分类

```
1  from keras.models import Sequential
2  from keras.layers import Dense, Flatten, Conv2D, MaxPooling2D
3  from keras.optimizers import SGD
4  def Lenet_Model_BaseLine(n_hidden_neurons):
5      """ 使用LeNet构建卷积神经网络 """
6      model = Sequential()
7      #依次添加两个卷积层和池化层
8      model.add(Conv2D(n_hidden_neurons, (3, 3), input_shape=
           (32,32,3), activation ='relu'))
9      model.add(MaxPooling2D(pool_size=(2, 2)))
10     model.add(Conv2D(n_hidden_neurons, (3,3), activation ='relu'))
11     model.add(MaxPooling2D(pool_size=(2, 2)))
12     #将图像数据平铺成向量
13     model.add(Flatten())
14     model.add(Dense(512, activation ='relu'))
15     model.add(Dense(10, activation ='softmax'))
16     sgd = SGD(lr=0.001, decay=1e-6, momentum=0.9, nesterov=True)
17     model.compile(loss='categorical_crossentropy', optimizer=sgd,
           metrics=['accuracy'])
18     return model
19 Lenet_Model = Lenet_Model_BaseLine(n_hidden_neurons=64)
20 # 查看LeNet的模型参数
21 print(Lenet_Model.summary())
22 hist_Lenet_Model = Lenet_Model.fit(x_train, y_train,epochs=40,
       validation_data= (x_test, y_test), verbose=1)
```

图 5.28 总结了我们构建的 LeNet 模型。可以看到这个 LeNet 模型有 1 204 682 个可训练的参数。你可能会认为这个参数数量非常庞大, 但如果构建一个相同层数的全连接神经网络, 可训练的参数将会远远超过 10^9 个!

代码列表 5.3 中定义的 plot_hist() 函数图如图 5.29 和图 5.30 所示, 它们分别展示了 LeNet 在每一时期的表现: 训练集和测试集上的损失函数（交叉熵）和准确率。从图中可以看到, 模型在训练阶段的表现不断提高, 直到时期的数量达到 40。但是模型已经表现出过拟合的迹象, 因为训练集和测试集之间的表现差距越来越大。

```
Compiling Model ...
Model compield in 0.1239316463470459 seconds
```

Layer (type)	Output Shape	Param #
conv2d_1 (Conv2D)	(None, 30, 30, 32)	896
max_pooling2d_1 (MaxPooling2	(None, 15, 15, 32)	0
conv2d_2 (Conv2D)	(None, 13, 13, 64)	18496
max_pooling2d_2 (MaxPooling2	(None, 6, 6, 64)	0
flatten_1 (Flatten)	(None, 2304)	0
dense_1 (Dense)	(None, 512)	1180160
dense_2 (Dense)	(None, 10)	5130

```
Total params: 1,204,682
Trainable params: 1,204,682
Non-trainable params: 0
```

图 5.28　LeNet 模型总结

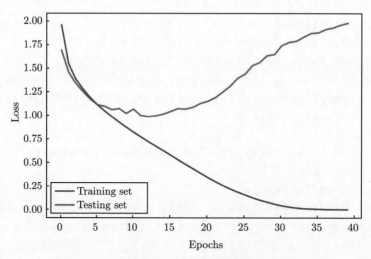

图 5.29　LeNet 模型在训练集和测试集上的损失函数

以下几种常用的方法可以抑制过拟合问题:

☐ 数据增强（Data Augmentation）。

☐ Dropout 正则化。

☐ 权值衰减。

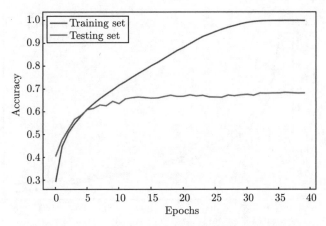

图 5.30　LeNet 模型在训练集和测试集上的准确率

数据增强

　　数据增强的主要思想是利用原始数据集生成大量的伪数据,以此提高模型参数估计的健壮性,抑制过拟合。在图像识别中,数据增强是一个常用的技巧。如果仅仅稍微旋转原始图像或者向左右滑动,那么图像对应的标签不应该发生改变,可以通过这种方式增加数据量。代码列表 5.6 给出了实现数据增强的代码。使用数据增强后的 LeNet 模型在训练集和测试集上的损失函数及准确率如图 5.31 和图 5.32 所示。

　　从图 5.32 中可以看出,测试集的准确率在使用数据增强之后提高到 76% 左右,比没有使用数据增强的准确率提高很多(图 5.30 的准确率在 69% 左右)。

代码列表 5.6　使用数据增强训练 LeNet

```
1  from keras.preprocessing.image import ImageDataGenerator
2  #使用数据增强避免过拟合
3  datagen = ImageDataGenerator(horizontal_flip=True,
4              width_shift_range=0.125, height_shift_range=0.125, fill_
                mode='constant',cval=0)
5  datagen.fit(x_train)
6  # 数据增强需要进行大量训练(因此使用160个训练时期)
7  Lenet_da_Model = Lenet_Model_BaseLine(n_hidden_neurons=64)
8  hist_Lenet_da = Lenet_da_Model.fit_generator(datagen.flow(x_train, y_
      train,batch_size=128), steps_per_epoch=391, epochs=160,
      validation_data=(x_test, y_test))
```

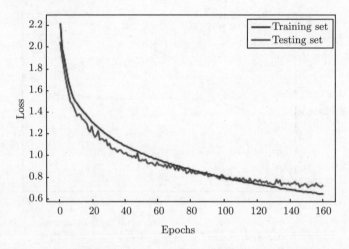

图 5.31 使用数据增强的 LeNet 模型在训练集和测试集上的损失函数

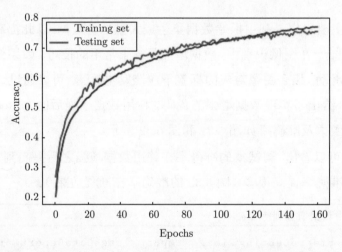

图 5.32 使用数据增强的 LeNet 模型在训练集和测试集上的准确率

Dropout 正则化

Dropout 由 [Srivastava et al., 2014] 提出, 是深度学习中一种流行的正则化方法。Dropout 正则化在学习过程中随机删除神经网络中的一部分神经元, 通过引入随机性, 避免过度复杂的模型。由于 Dropout 正则化随机删除神经元, 神经网络不能过度依赖某一个权重, 因此神经网络的学习变得更加"谨慎", 从而避免过拟合。关于 Dropout 的数学原理可以参考 [Baldi and Sadowski, 2013]。代码列表 5.7 中使用 Dropout 正则化训练 LeNet。

代码列表 5.7　使用 Dropout 正则化训练 LeNet

```
1   from keras.layers import Dropout
2   def Lenet_Model_Dropout(n_hidden_neurons, dropout_rate):
3       """ 使用Dropout正则化避免过拟合 """
4       model = Sequential()
5       model.add(Conv2D(n_hidden_neurons, (3, 3), input_shape=
            (32,32, 3), activation = 'relu'))
6       model.add(MaxPooling2D(pool_size=(2, 2)))
7       # 添加Dropout
8       model.add(Dropout(dropout_rate))
9       model.add(Conv2D(n_hidden_neurons, (3,3), activation = 'relu'))
10      model.add(MaxPooling2D(pool_size=(2, 2)))
11      model.add(Dropout(dropout_rate))
12      model.add(Flatten())
13      model.add(Dense(512, activation = 'relu'))
14      model.add(Dropout(dropout_rate))
15      model.add(Dense(10, activation = 'softmax'))
16      sgd = SGD(lr=0.001, decay=1e-6, momentum=0.9, nesterov=True)
17      model.compile(loss='categorical_crossentropy', optimizer=sgd,
            metrics=['accuracy'])
18      return model
19  # 使用0.25的Dropout比例
20  Lenet_dropout_Model = Lenet_Model_Dropout(n_hidden_neurons=64,
        dropout_rate=0.25)
21  print(Lenet_dropout_Model.summary())
22  hist_Lenet_dropout_Model= Lenet_dropout_Model.fit(x_train, y_train,
        epochs=40, validation_data=(x_test, y_test), verbose=1)
```

　　在 Dropout 正则化方法中，需要指定删除神经元的比例。一般而言，越复杂的层越容易发生过拟合，需要指定一个较高的比例。在大多数情况下，交叉验证可以帮助我们进行选择。代码列表 5.8 展示了如何使用交叉验证确定 Dropout 比例，从而提高 LeNet 在测试集中的准确率。图 5.33 的结果表明，当比例设置为 $\{0.1, 0.25, 0.5\}$ 时，交叉验证显示 0.1 对应的平均准确率最高，可以达到 62.31%。还可以进一步验证更多的备选值，找到更好的比例值。

代码列表 5.8　使用交叉验证确定 Dropout 比例

```
1   from sklearn.model_selection import GridSearchCV
2   from keras.wrappers.scikit_learn import KerasClassifier
```

```
3   # 使用Scikit-Learn调用Keras的模型
4   model = KerasClassifier(build_fn=Lenet_Model_Dropout, n_hidden_
        neurons=64, epochs=40, batch_size=128, verbose=0)
5   #定义网格搜索参数
6   dropout_rate = [0.1, 0.25, 0.5]
7   param_grid = dict(dropout_rate=dropout_rate)
8   grid = GridSearchCV(estimator=model, param_grid=param_grid)
9   grid_result = grid.fit(x_train, y_train)
10  #输出搜索结果
11  print("Best: %f using %s" % (grid_result.best_score_, grid_result.
        best_params_))
12  means = grid_result.cv_results_['mean_test_score']
13  stds = grid_result.cv_results_['std_test_score']
14  params = grid_result.cv_results_['params']
15  for mean, stdev, param in zip(means, stds, params):
16      print("%f (%f) with: %r" % (mean, stdev, param))
```

```
Compiling Model ...
Model compield in 0.14160776138305664 seconds
Compiling Model ...
Model compield in 0.14534282684326172 seconds
Compiling Model ...
Model compield in 0.13732099533081055 seconds
Compiling Model ...
Model compield in 0.13168120384216309 seconds
Compiling Model ...
Model compield in 0.13542532920837402 seconds
Compiling Model ...
Model compield in 0.15129566192626953 seconds
Compiling Model ...
Model compield in 0.13253283500671387 seconds
Compiling Model ...
Model compield in 0.1325547695159912 seconds
Compiling Model ...
Model compield in 0.13837504386901855 seconds
Compiling Model ...
Model compield in 0.13228249549865723 seconds
Best: 0.623060 using {'dropout_rate': 0.1}
0.623060 (0.003864) with: {'dropout_rate': 0.1}
0.592720 (0.005760) with: {'dropout_rate': 0.25}
0.535480 (0.008047) with: {'dropout_rate': 0.5}
```

图 5.33　交叉验证的输出结果

权值衰减

套索回归和岭回归通过添加惩罚项避免过拟合,同样可以为卷积神经网络的损失函数添加 l_1 或 l_2 惩罚项。在 Keras 中,只需要在构造 2 维卷积层时指定 kernel regularizer,就可以为卷积神经网络添加惩罚项(详见代码列表 5.9)。

代码列表 **5.9**　为卷积层的参数添加 l_1 正则项

```
1  from keras import regularizers
2
3  model.add(Conv2D(32, (3, 3), input_shape=(32,32,3),activation =
       'relu', kernel_regularizer=regularizers.l1(regRate)))
```

5.4　循环神经网络

到目前为止,已经讨论了两种主要类型的神经网络,分别是人工神经网络(ANN)和卷积神经网络(CNN)。人工神经网络是神经网络的基础模型,卷积神经网络在图像识别中非常有用。但是,在这些神经网络中,同一层的神经元是相互独立的。虽然不同层之间的神经元通过权重相连接,但同一层之间的神经元相互独立。这类网络被称为前馈神经网络(Feed-forward Neural Network)。

前馈神经网络并不适合直接应用于含有序列特征的输入数据(如时间序列数据),因为网络结构无法反映数据在序列上的关联。本节将介绍循环神经网络(Recurrent Neural Network,RNN)。循环神经网络不属于前馈神经网络,因为网络隐藏层的神经元之间是相互关联的,这种独特的循环结构可以很好地反映数据的序列关联性。

基于循环神经网络的模型已经证明在多种时序数据挖掘任务中都获得了最好的效果,例如在线手写识别、语音识别 [Graves et al., 2013] 和自然语言处理 [Wang and Jiang, 2015]。

5.4.1　原理简介

循环神经网络中的循环结构如图 5.34 所示,神经元之间形成了一个包含时间序列的有向图。循环神经网络提供了一种端到端的模型训练方法,适用于序列数据扩展和分割问题。

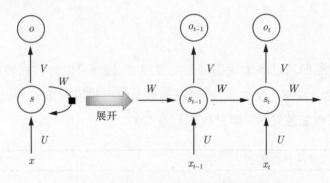

图 5.34　循环神经网络中的循环结构

你也许会问,为什么循环神经网络提取时序数据信息如此成功?可以通过以下例子理解循环神经网络背后的原理。想象一下,当你读到前面的"卷积"时会自然联想到下个词语是"神经网络"。因此,在这个例子中,词语之间并不是相互独立的。在这种情况下,需要一个能反映序列特征的网络结构,而循环结构是一个不错的选择。这是因为循环结构可以自然地描述上一时刻的状态如何影响下一时刻的状态。如果时间序列数据很长,那么影响下一时刻状态的就不仅仅是前一时刻的信息,而是之前一段时间信息的总结。这就像人的记忆会储存之前发生过的重要事情,而这些记忆构成了每个人独有的人生经历。人们在做决策时,不但会考虑当下正在发生的事情,还会考虑以往的人生经历。循环神经网络引入了具有循环结构的隐藏层神经元作为截至当前时刻的"记忆"。

为了更好地理解循环结构的必要性,这里使用一个自然语言处理的例子进行说明。考虑以下两个句子,"他的回答是正确的"和"他们回答了你的问题"。"回答"这个词出现在两个句子中,但是词性不同,分别是名词和动词。如果我们现在进行词性标记,"回答"这个词的词性并不是独立的。如果跟在一个代词后面,"回答"就更有可能是名词。这说明了神经网络中的单元是如何与前一个单元相关联的。

5.4.2　序列数据

循环神经网络的输入数据是序列数据(sequential data)。时间序列数据是最常用的一种序列数据,如股票价格。

接下来通过一个例子说明什么是序列数据。如图 5.35 所示,限价委托单簿(limit order book)是一系列订单信息数据,包括订单时间[①]、订单类型、订单号、交易量、交易价格和

---

① 这里的时间表示从午夜 12 点起到订单时间的总秒数。

交易方向。从图中可以看出, 序列数据可以是多类型的。订单类型和交易方向是分类变量, 交易量是整数变量, 而其他是连续变量。

	Time	Type	Order ID	Size	Price	Direction
0	34200.017460	5	0	1	2238200	-1
1	34200.189608	1	11885113	21	2238100	1
2	34200.189608	1	3911376	20	2239600	-1
3	34200.189608	1	11534792	100	2237500	1
4	34200.189608	1	1365373	13	2240000	-1
5	34200.189608	1	11474176	2	2236500	1
6	34200.189608	1	1847685	100	2240000	-1
7	34200.189608	1	3920359	15	2236000	1
8	34200.189608	1	3578212	4	2240000	-1

图 5.35 Amazon（AMZN）股票订单的前 8 项数据截图

在数学上, 序列数据可以看作是关于时间的连续函数。通常将序列数据看成一个映射 $F : \mathcal{T} \to E$, 其中 $\mathcal{T} \subset \mathbf{R}^+$ 是所有可能时间索引的集合。如果 $\mathcal{T}$ 是一个有限集, F 表示离散的时间序列, 这是最常见的序列数据。$\bar{x} := (x_t)_{t=1}^T$, 其中, $x_t \in E$。在图 5.35 的例子中, $\mathcal{T} = \{0, 1, 2, \cdots, 8\}$, 数据是一个长度为 $|\mathcal{T}|$ 的 6 维时间序列, 时间索引的数量为 9。如果 $\mathcal{T}$ 是一个紧区间, 数据表示连续的时间序列。

5.4.3 模型

循环神经网络提出了一种序列数据的通用模型。图 5.34 描述了离散的循环神经网络结构, 由输入层、隐藏层和输出层组成。

❑ 输入层 ($l^0 : \mathbf{R}^{T \times d} \to \mathbf{R}^{T \times d}$):

$$\bar{x} \mapsto \bar{x}$$

❑ 隐藏层 ($l^1 : \mathbf{R}^{T \times d} \to \mathbf{R}^{T \times n_1}$):

$$\bar{x} \mapsto \bar{s} := (s_t)_{t=1}^T$$
$$s_t = h(U x_t + W s_{t-1})$$

❑ 输出层 ($l^2 : \mathbf{R}^{T \times d} \to \mathbf{R}^{T \times e}$ 或 $\mathbf{R}^e$):

$$\bar{x} \mapsto \bar{o} = (o_t)_{t=1}^T \text{ 或} o_T \ \forall \bar{x} \in \mathbf{R}^{T \times d}$$

其中, $o_t = g(\boldsymbol{V} s_t)$, 而 g 是输出层的激活函数; $\boldsymbol{V}$ 是一个 $e \times n_1$ 的参数矩阵。换句话说, $\forall \bar{x} \in \mathbf{R}^{T \times d}$,

$$\bar{o} = g(\boldsymbol{V} l^1 \bar{x})$$

(U, W, V) 是循环神经网络的参数, 需要从数据中训练得到。循环神经网络的输出可以是时间序列, 也可以是一个向量。例如, 循环神经网络可以用于文本翻译 (序列数据形式的输出), 也可以用于手写笔迹分类 (向量形式的输出)。

循环神经网络模型总结如图 5.36 所示。

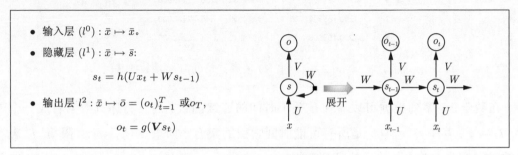

- 输入层 $(l^0) : \bar{x} \mapsto \bar{x}$。
- 隐藏层 $(l^1) : \bar{x} \mapsto \bar{s}$:
$$s_t = h(U x_t + W s_{t-1})$$
- 输出层 $l^2 : \bar{x} \mapsto \bar{o} = (o_t)_{t=1}^T$ 或 o_T,
$$o_t = g(\boldsymbol{V} s_t)$$

图 5.36　循环神经网络模型

5.4.4　优化方法: BPTT

在循环神经网络中, 反向传播算法仍然适用于同一层中的不同神经元。循环神经网络的反向传播算法沿着时间传播, 而不是像人工神经网络中沿着层传播, 因此被称为 BPTT (Backpropagation Through Time) 算法。

在序列数据挖掘任务中, 损失函数通常采用如下形式:

$$L(\bar{o}, \bar{y}) = \sum_{t=1}^{T} E_t(o_t, y_t)$$

其中, y_t、o_t 分别是时刻 t 的真实输出和预测输出, $\bar{o} = (o_t)_{t=1}^T$, $\bar{y} = (y_t)_{t=1}^T$。

为了计算 $\dfrac{\mathrm{d} E_t}{\mathrm{d} V}$、$\dfrac{\mathrm{d} E_t}{\mathrm{d} U}$ 和 $\dfrac{\mathrm{d} E_t}{\mathrm{d} W}$, 需要应用链式法则, 见图 5.37。可以得到

$$\frac{\mathrm{d} E_t}{\mathrm{d} V} = \frac{\partial E_t}{\partial o_t} \cdot \frac{\partial o_t}{\partial V}$$

$$\frac{\mathrm{d} E_t}{\mathrm{d} U} = \frac{\partial E_t}{\partial o_t} \cdot \frac{\partial o_t}{\partial U} = \frac{\partial E_t}{\partial o_t} \frac{\partial o_t}{\partial s_t} \cdot \frac{\mathrm{d} s_t}{\mathrm{d} U}$$

$$\frac{\mathrm{d}E_t}{\mathrm{d}W} = \frac{\partial E_t}{\partial o_t}\frac{\partial o_t}{\partial s_t}\cdot\frac{\mathrm{d}s_t}{\mathrm{d}W}$$

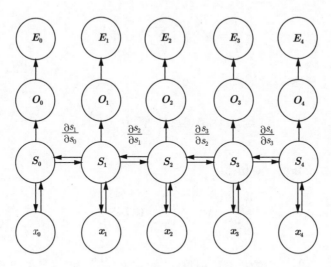

图 5.37　图解 BPTT 算法

因此，计算 $\dfrac{\mathrm{d}E_t}{\mathrm{d}V}$、$\dfrac{\mathrm{d}E_t}{\mathrm{d}W}$、$\dfrac{\partial E_t}{\partial o_t}$ 变成计算

- $\dfrac{\partial E_t}{\partial o_t}$、$\dfrac{\partial o_t}{\partial s_t}$、$\dfrac{\partial o_t}{\partial V}$。

- $\dfrac{\mathrm{d}s_t}{\mathrm{d}W}$、$\dfrac{\mathrm{d}s_t}{\mathrm{d}U}$。

首先解释如何计算偏导数 $\dfrac{\partial E_t}{\partial o_t}$、$\dfrac{\partial o_t}{\partial s_t}$、$\dfrac{\partial o_t}{\partial V}$。所有偏导数都可以显式计算。

- 计算 $\dfrac{\partial E_t}{\partial o_t}$。如果 E_t 是均方误差，则可以得到以下等式

$$\frac{\partial E_t}{\partial o_t} = \frac{\partial(o_t - y_t)^2}{\partial o_t} = 2(o_t - y_t)$$

- 计算 $\dfrac{\partial o_t}{\partial s_t}$ 和 $\dfrac{\partial o_t}{\partial V}$。接下来以 $\dfrac{\partial o_t}{\partial s_t}$ 为例解释偏导数的计算过程。读者可以用同样的

  方法计算偏导数 $\dfrac{\partial o_t}{\partial V}$。

由前面内容可知，$o_t = g(\boldsymbol{V}s_t)$，其中 $s_t \in \mathbf{R}^{n_1}$，$o_t \in \mathbf{R}^e$，$\boldsymbol{V}$ 是一个大小为 (e, n_1) 的矩阵。

则 $\dfrac{\partial o_t}{\partial s_t}$ 是一个大小为 (e, n_1) 的矩阵，即

$$\frac{\partial o_t}{\partial s_t} = \left(\frac{\partial o_t^i}{\partial s_t^j}\right)_{i\in[e], j\in[n_1]} \tag{5.5}$$

引理 5.3 　如果 $g: \mathbf{R} \to \mathbf{R}$ 可导，并且 $o_t = g(\boldsymbol{V} s_t)$，那么对 $\forall i \in [e]$ 以及 $j \in [n_1]$，以下等式成立：

$$\frac{\partial o_t^i}{\partial s_t^j} = \boldsymbol{V}_{ij} g'\left(\sum_{k=1}^{n_1} \boldsymbol{V}_{ik} s_t^k\right) \tag{5.6}$$

证明 5.1 　对于任意 $\forall i \in [e]$，

$$o_t^i = g((\boldsymbol{V} s_t)^i = g\left(\sum_{k=1}^{n_1} \boldsymbol{V}_{ik} s_t^k\right)$$

则根据链式法则，对于任意 $j \in [n_1]$，

$$\frac{\partial o_t^i}{\partial s_t^j} = \boldsymbol{V}_{ij} g'\left(\sum_{k=1}^{n_1} \boldsymbol{V}_{ik} s_t^k\right)$$

接下来讨论 $\dfrac{\mathrm{d} s_t}{\mathrm{d} U}$ 和 $\dfrac{\mathrm{d} s_t}{\mathrm{d} W}$ 的推导。根据 s_t 的定义，$\dfrac{\mathrm{d} s_t}{\mathrm{d} U}$ 和 $\dfrac{\mathrm{d} s_t}{\mathrm{d} W}$ 的循环结构如下：

$$s_t = h(U x_t + W s_{t-1}) \Longrightarrow \frac{\mathrm{d} s_t}{\mathrm{d} U} = \frac{\partial s_t}{\partial U} + \frac{\partial s_t}{\partial s_{t-1}} \frac{\mathrm{d} s_{t-1}}{\mathrm{d} U}$$

$$\frac{\mathrm{d} s_t}{\mathrm{d} W} = \frac{\partial s_t}{\partial W} + \frac{\partial s_t}{\partial s_{t-1}} \frac{\mathrm{d} s_{t-1}}{\mathrm{d} W}$$

$\dfrac{\partial s_t}{\partial U}$、$\dfrac{\partial s_t}{\partial W}$ 和 $\dfrac{\partial s_t}{\partial s_{t-1}}$ 可以用类似引理 5.3 的证明方法计算出显示解。

因此，通过 $\dfrac{\mathrm{d} s_t}{\mathrm{d} U}$ 和 $\dfrac{\mathrm{d} s_t}{\mathrm{d} W}$ 的循环结构，引理 5.4 给出了 $\dfrac{\mathrm{d} s_t}{\mathrm{d} U}$ 和 $\dfrac{\mathrm{d} s_t}{\mathrm{d} W}$ 的公式。

引理 5.4 　$\left(\dfrac{\mathrm{d} s_t}{\mathrm{d} U} \textbf{和} \dfrac{\mathrm{d} s_t}{\mathrm{d} W} \textbf{的循环结构}\right)$ 　对于任意 $t \in \{1, 2, \cdots, T\}$，

$$\frac{\mathrm{d} s_t}{\mathrm{d} U} = \frac{\partial s_t}{\partial U} + \sum_{k=0}^{t-1} \left(\prod_{j=k+1}^{t} \frac{\partial s_j}{\partial s_{j-1}}\right) \frac{\partial s_k}{\partial U} \tag{5.7}$$

$$\frac{\mathrm{d} s_t}{\mathrm{d} W} = \frac{\partial s_t}{\partial W} + \sum_{k=0}^{t-1} \left(\prod_{j=k+1}^{t} \frac{\partial s_j}{\partial s_{j-1}}\right) \frac{\partial s_k}{\partial W} \tag{5.8}$$

因为 $s_t = h(U x_t + W s_{t-1})$，$s_{t-1}$ 也依赖于 U，可得

$$\frac{\mathrm{d} s_t}{\mathrm{d} U} = \frac{\partial s_t}{\partial U} + \frac{\partial s_t}{\partial s_{t-1}} \frac{\mathrm{d} s_{t-1}}{\mathrm{d} U}$$

对 $\dfrac{\mathrm{d}s_{t-1}}{\mathrm{d}U}$ 使用以上等式, 可得

$$\begin{aligned}\frac{\mathrm{d}s_t}{\mathrm{d}U} &= \frac{\partial s_t}{\partial U} + \frac{\partial s_t}{\partial s_{t-1}}\frac{\mathrm{d}s_{t-1}}{\mathrm{d}U}\\&= \frac{\partial s_t}{\partial U} + \frac{\partial s_t}{\partial s_{t-1}}\left(\frac{\partial s_{t-1}}{\partial U} + \frac{\partial s_{t-1}}{\partial s_{t-2}}\frac{\mathrm{d}s_{t-2}}{\mathrm{d}U}\right)\end{aligned}$$

重复上述过程直到 $t = 0$, 可以得到式 (5.7)。严谨的数学证明可以使用以下归纳法完成。

证明 5.2　$\dfrac{\mathrm{d}s_t}{\mathrm{d}W}$ 的证明与 $\dfrac{\mathrm{d}s_t}{\mathrm{d}U}$ 相同。因此, 这里只给出 $\dfrac{\mathrm{d}s_t}{\mathrm{d}U}$, 即式 (5.7) 的证明。当 $t=1$ 时, 因为链式法则, 式 (5.7) 可以简化为

$$\frac{\mathrm{d}s_1}{\mathrm{d}U} = \frac{\partial s_1}{\partial U} + \frac{\partial s_1}{\partial s_0}\frac{\mathrm{d}s_0}{\mathrm{d}U}$$

假设式 (5.7) 对 $t-1$ 成立。现在检查一下对 t 是否成立。通过链式法则, 可得

$$\frac{\mathrm{d}s_t}{\mathrm{d}U} = \frac{\partial s_t}{\partial U} + \frac{\partial s_t}{\partial s_{t-1}}\frac{\mathrm{d}s_{t-1}}{\mathrm{d}U}$$

通过归纳假设, 可得

$$\begin{aligned}\frac{\mathrm{d}s_t}{\mathrm{d}U} &= \frac{\partial s_t}{\partial U} + \frac{\partial s_t}{\partial s_{t-1}}\left(\frac{\partial s_{t-1}}{\partial U} + \sum_{k=0}^{t-2}\left(\prod_{j=k+1}^{t-1}\frac{\partial s_j}{\partial s_{j-1}}\right)\frac{\partial s_k}{\partial U}\right)\\&= \frac{\partial s_t}{\partial U} + \frac{\partial s_t}{\partial s_{t-1}}\frac{\partial s_{t-1}}{\partial U} + \frac{\partial s_t}{\partial s_{t-1}}\sum_{k=0}^{t-2}\left(\prod_{j=k+1}^{t-1}\frac{\partial s_j}{\partial s_{j-1}}\frac{\partial s_k}{\partial U}\right)\\&= \frac{\partial s_t}{\partial U} + \frac{\partial s_t}{\partial s_{t-1}}\frac{\partial s_{t-1}}{\partial U} + \sum_{k=0}^{t-2}\left(\prod_{j=k+1}^{t}\frac{\partial s_j}{\partial s_{j-1}}\right)\frac{\partial s_k}{\partial U}\\&= \frac{\partial s_t}{\partial U} + \sum_{k=0}^{t-1}\left(\prod_{j=k+1}^{t}\frac{\partial s_j}{\partial s_{j-1}}\right)\frac{\partial s_k}{\partial U}(\Leftarrow x_{1:t})\end{aligned}$$

因此, 式 (5.7) 对 t 成立。证明可以通过归纳法完成。

5.4.5　循环神经网络的缺点

根据引理 5.4, $\dfrac{\mathrm{d}s_t}{\mathrm{d}U}$ 的计算依赖于 $(x_{1:t})$, 会导致沉重的计算成本, 并且会导致梯度消失 (vanishing gradient) 和梯度爆炸 (exploding gradient) 问题。以上问题可以通过 TBPTT (Truncated Backpropagation Through Time, TBPTT) 算法解决, 见式 (5.9)。

$$\frac{\mathrm{d}s_t}{\mathrm{d}U} = \frac{\partial s_t}{\partial U} + \sum_{k=0}^{t-1} \left(\prod_{j=k+1}^{t} \frac{\partial s_j}{\partial s_{j-1}} \right) \frac{\partial s_k}{\partial U} (\Leftarrow x_{1:t}) \tag{5.9}$$

$$\approx \frac{\partial s_t}{\partial U} + \sum_{k=K}^{t-1} \left(\prod_{j=k+1}^{t} \frac{\partial s_j}{\partial s_{j-1}} \right) \frac{\partial s_k}{\partial U} (\Leftarrow x_{K:t}) \tag{5.10}$$

TBPTT 算法是循环神经网络中 BPTT 算法的改进版本, 如图 5.38 所示。BPTT 每次按固定的时间步 (k_1) 进行反向传播, 序列每次处理一个时间步 (k_2 时间步) 并且更新。

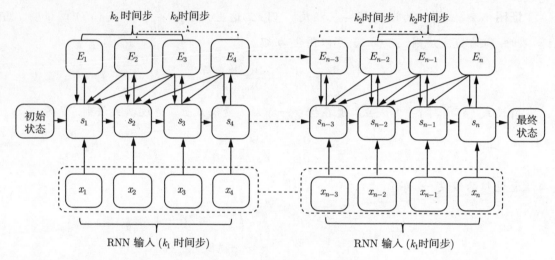

图 5.38　图解 TBPTT 算法

TBPTT 算法过程总结如下[1]:

(1) 在 k_2 时间步内, 根据损失函数的导数更新权重。

(2) 使用滑动窗口法 (moving window) 向前移动一步。

(3) 重复以上过程。

一般而言, k_1 对训练时间的影响, 取决于权重更新的频率。k_2 应该取一个较大的值, 以提取时间结构供网络学习。但是, 过大的 k_2 值会导致梯度消失。如图 5.39 所示, 主要的 TBPTT 算法有两种。有兴趣的读者可以参阅更多关于 TBPTT 的资料[2]。

除了 TBPTT 算法, 还可以通过引入门控机制 (gate mechanism), 解决梯度消失和梯度爆炸问题。5.4.6 节将简要介绍循环神经网络的两个改进模型。

---

[1] 详见 https://machinelearningmastery.com/gentle-introduction-backpropagation-time/。
[2] 详见 https://r2rt.com/styles-of-truncated-backpropagation.html。

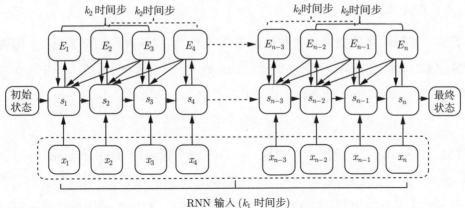

(a) $k_1 = n$

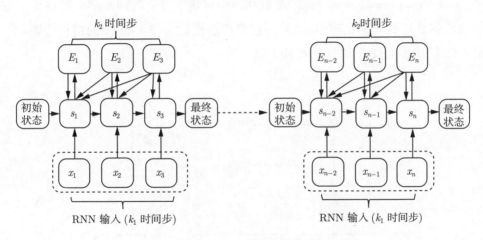

(b) $k_1 = k_2$ TensorFlow 默认使用的TBPTT算法

图 5.39　不同类型的 TBPTT 算法

循环神经网络的缺点总结见图 5.40。

循环神经网络的缺点：
- ❑ 问题：沉重的计算成本。
  方法：TBPTT 算法。
- ❑ 问题：梯度消失和梯度爆炸。
  方法：LSTM、GRU。

图 5.40　循环神经网络的缺点

5.4.6 LSTM 和 GRU

为了解决神经网络的梯度消失和梯度爆炸问题, 以循环神经网络为基础, 出现了几种改进模型, 例如 LSTM（Long Short-Term Memory）[Hochreiter and Schmidhuber, 1997] 和 GRU（Gated Recurrent unit）[Cho et al., 2014]。

LSTM

LSTM 的一个单元一般由一个细胞（cell）、一个输入门（input gate）、一个输出门（output gate）和一个遗忘门（forget gate）组成。细胞可以记住任意时间间隔内的信息, 三个门控制进出细胞的信息。LSTM 通过添加细胞状态, 避免了循环神经网络中存在的长期依赖（long-term dependency）问题, 细胞状态中包含了每个时间点的长期信息。LSTM 可以删除或添加信息到细胞状态中, 这个过程完全由被称为门（gate）的结构控制。

图 5.41 描述了 LSTM 单元的结构。

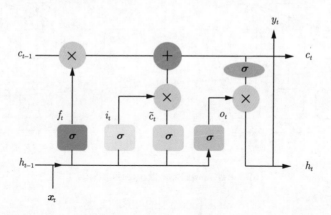

图 5.41 LSTM 单元的结构

LSTM 单元的数学公式如下 [Hochreiter and Schmiduber, 1997][1]:

$$\boldsymbol{f}_t = \sigma_g(\boldsymbol{W}_f \boldsymbol{x}_t + \boldsymbol{U}_f \boldsymbol{h}_{t-1} + \boldsymbol{b}_f)$$

$$\boldsymbol{i}_t = \sigma_g(\boldsymbol{W}_i \boldsymbol{x}_t + \boldsymbol{U}_i \boldsymbol{h}_{t-1} + \boldsymbol{b}_i)$$

$$\boldsymbol{o}_t = \sigma_g(\boldsymbol{W}_o \boldsymbol{x}_t + \boldsymbol{U}_o \boldsymbol{h}_{t-1} + \boldsymbol{b}_o)$$

$$\boldsymbol{c}_t = \boldsymbol{f}_t \circ \boldsymbol{c}_{t-1} + \boldsymbol{i}_t \circ \sigma_c(\boldsymbol{W}_c \boldsymbol{x}_t + \boldsymbol{U}_c \boldsymbol{h}_{t-1} + \boldsymbol{b}_c)$$

---

[1] 详见 https://en.wikipedia.org/wiki/Long_short-term_memory。

$$h_t = o_t \circ \sigma_h(c_t)$$

初始值 $c_0 = h_0 = 0$, $\circ$ 表示 Hadamard 积（元素积）。

- $x_t \in \mathbf{R}^d$：输入向量。
- $f_t \in \mathbf{R}^h$：遗忘门的激活向量。
- $i_t \in \mathbf{R}^h$：输出门的激活向量。
- $o_t \in \mathbf{R}^h$：输出向量, 也被称为隐藏状态向量（hidden state vector）。
- $c_t \in \mathbf{R}^h$：细胞状态向量（cell state vector）。
- $W \in \mathbf{R}^{h \times d}, U \in \mathbf{R}^{h \times h}$ 和 $b \in \mathbf{R}^h$：权重矩阵和偏置向量, 上标 d 和 h 分别表示输入特征和隐藏单元的数量。

一般选择如下的激活函数：

- σ_g 是 sigmoid 函数。
- σ_c 是双曲正切函数。
- σ_h 是双曲正切函数。

在 LSTM 中, 状态分为短期状态和长期状态。一个重要的特点是, 网络可以学习在长期状态下存储、删除以及读取何种信息。简而言之, LSTM 中的细胞可以学习识别重要的输入, 将其存储在长期状态中, 并在需要的时候提取这类信息。这解释了为什么 LSTM 在提取时间序列和长文本数据的长期模式方面可以取得惊人的成功。

GRU

GRU 向循环神经网络中引入了一个门控机制。在处理复调音乐和语音信号方面, GRU 实现了与 LSTM 相似的效果。但是 GRU 在较小的数据集上表现更好。因为没有输出门, 门控循环单元的参数比 LSTM 少。

5.4.7　数值实验：高频金融数据预测

本小节将参考 [Sirignano and Cont, 2018] 最近的研究发现, 介绍如何使用 LSTM 预测高频金融数据的价格变动方向。数值实验中使用的高频数据来自 LOBSTER[1]。LOBSTER 是一个在线数据工具, 提供了高质量且易于使用的限价委托单簿数据[2]。

对于一只指定的股票, LOBSTER 提供了 message 和 orderbook 两种类型的数据。在

---

[1] 参见 Limit Order Book System - The Efficient Reconstructor.
[2] 详见 https://lobsterdata.com/info/WhatIsLOBSTER.php。

指定的价格水平（level）范围内，order book 文件包含了限价委托单簿随时间变化的数据，message 文件包含了引起限价委托单簿数据更新的事件信息。

在前面介绍序列数据时，图 5.35 就展示了 message 数据的部分截图，其中包括以下字段。

- 订单时间（time）：所有事件的时间戳都是午夜 12 点起至事件发生时的总秒数。精度至少为毫秒，最高可达纳秒。
- 订单类型（type）：
  - 提交新的限价订单。
  - 取消订单。
  - 删除订单。
  - 执行可见限价订单。
  - 执行隐藏限价订单。
  - 终止交易。
- 订单号（order ID）：唯一的订单编号（按订单顺序分配）。
- 订单大小（size）：股票数量。
- 交易价格（price）：美元价格乘以 10 000（如价格为 \$91.14 显示为 911 400）。
- 交易方向（direction）：
  - −1 表示限价委托卖单。
  - 1 表示限价委托买单。

例如，图 5.35 第一行表明在午夜 34 200.017 460s 之后，有一个大小为 1 的隐藏限价委托卖单，价格为 \$223.82。图 5.42 给出了 2012 年 6 月 21 日亚马逊股票每 5 分钟的买入和卖出成交次数和成交量随时间的变化情况。

将买价或卖价按照价格从高到低排序，可以得到对应的价格水平。例如，排名前 5 的买价或卖价对应 5 级价格水平。$P_l^a(t)$ 和 $P_l^b(t)$ 分别表示在时刻 t 第 l 级的买入和卖出价格。$V_l^a(t)$ 和 $P_l^b(t)$ 分别表示在时刻 t 第 l 级的买入量和卖出量。LOB_t 表示时刻 t 的限价委托单簿信息，包括 1~10 级买卖价格水平和相应的成交量，即 $LOB_t = (P_l^a(t), V_l^a(t), P_l^b(t), V_l^b(t))_{l=1}^{10}$。

图 5.43(a) 展示了一个 10 级限价委托单簿的例子。x 轴表示成交量，y 轴表示限价委托单簿的价格水平，其中红色和绿色分别表示买价和卖价。从图中可以看出，最高买价为 \$220.94，成交量为 100 股。

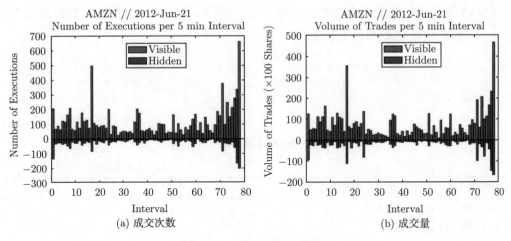

(a) 成交次数   (b) 成交量

图 5.42 成交次数和成交量

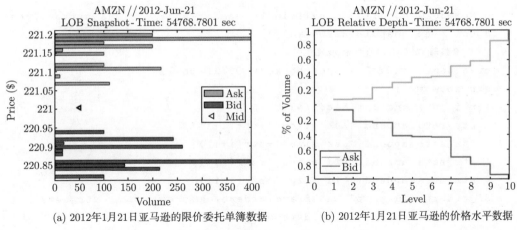

(a) 2012年1月21日亚马逊的限价委托单簿数据   (b) 2012年1月21日亚马逊的价格水平数据

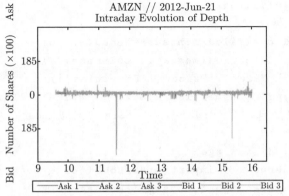

(c) 亚马逊日间价格水平变化, 不同的颜色表示不同价格水平的买卖价格

图 5.43 限价委托单簿数据

图 5.44 展示了限价委托单簿数据的前 5 个订单。代码列表 5.10 展示了如何使用 NumPy 和 Pandas 导入限价委托单簿数据集。

	ask price 1	ask size 1	bid price 1	bid size 1	ask price 2	ask size 2	bid price 2	bid size 2	ask price 3	ask size 3	...	bid price 8	bid size 8	ask price 9	ask size 9	bid price 9	bid size 9	ask price 10	ask size 10	bid price 10	bid size 10
0	223.95	100.0	223.18	100.0	223.99	100.0	223.07	200.0	224.00	220.0	...	220.25	5000.0	229.43	100.0	220.20	100.0	229.80	100.0	218.97	100.0
1	223.95	100.0	223.81	21.0	223.99	100.0	223.18	100.0	224.00	220.0	...	220.40	100.0	229.43	100.0	220.25	5000.0	229.80	100.0	220.20	100.0
2	223.95	100.0	223.81	21.0	223.96	20.0	223.18	100.0	223.99	100.0	...	220.40	100.0	226.77	100.0	220.25	5000.0	229.43	100.0	220.20	100.0
3	223.95	100.0	223.81	21.0	223.96	20.0	223.75	100.0	223.99	100.0	...	221.30	4000.0	226.77	100.0	220.40	100.0	229.43	100.0	220.25	5000.0
4	223.95	100.0	223.81	21.0	223.96	20.0	223.75	100.0	223.99	100.0	...	221.30	4000.0	226.77	100.0	220.40	100.0	229.43	100.0	220.25	5000.0

图 5.44 限价委托单簿的前 5 个订单数据

代码列表 5.10 加载限价委托单簿数据集

```
1  import numpy as np
2  import pandas as pd
3  def import_orderbook(filedir):
4      """ 加载orderbook数据 """
5      orderbook0 = pd.read_csv(filedir,header=None).values.astype(float)
6      N_col = np.shape(orderbook0)[1]
7      # 将价格除以10 000进行标准化
8      orderbook0[:,0::2]=(orderbook0[:,0::2]/1e4)
9      str_sets = []
10     for i in range(int(N_col/4)):
11         str_sets.append('ask price '+str(i+1))
12         str_sets.append('ask size '+str(i+1))
13         str_sets.append('bid price '+str(i+1))
14         str_sets.append('bid size '+str(i+1))
15     df_orderbook0 =  pd.DataFrame(orderbook0, columns = str_sets)
16     return orderbook0, df_orderbook0
17 def import_message(filedir):
18     """ 加载message数据 """
19     message=pd.read_csv(filedir,header=None).values
20     df_message = pd.DataFrame(message, columns=['Time', 'Type',
           'Order ID', 'Size', 'Price', 'Direction'])
21     df_message[['Type', 'Order ID', 'Size', 'Price', 'Direction']] = df
           _message [['Type', 'Order ID', 'Size', 'Price', 'Direction']].
           astype('int')
22     return message , df_message
23 orderbook , df_orderbook = import_orderbook('orderbook.csv')
24 message , df_message = import_message('message.csv')
```

中间价 M_t 是最高买卖价格（1 级价格水平）的平均值, 即

$$M_t := \frac{1}{2}(P_1^a(t) + P_1^b(t))$$

τ_i 表示中间价发生第 i 次变化的时间。因此, 在任意时刻 τ_i, 中间价只有上涨或者下跌两种变化。Y_i 表示下一时刻价格变动方向,

$$Y_i := \mathbf{1}(M_{\tau_{i+1}} - M_{\tau_i} > 0)$$

图 5.45 展示了数据集中部分价格发生变化的订单。在代码列表 5.11 中删除了中间价没有发生变化的数据。

	ask price 1	ask size 1	bid price 1	bid size 1	ask price 2	ask size 2	bid price 2	bid size 2	ask price 3	ask size 3	...	bid price 8	bid size 8	ask price 9	ask size 9	bid price 9	bid size 9	ask price 10	ask size 10	bid price 10	bid size 10
0	223.95	100.0	223.18	100.0	223.99	100.0	223.07	200.0	224.00	220.0	...	220.25	5000.0	229.43	100.0	220.20	100.0	229.80	100.0	218.97	100.0
31	223.95	100.0	223.81	21.0	223.96	20.0	223.75	190.0	223.99	100.0	...	223.07	200.0	224.49	100.0	223.00	100.0	224.50	5.0	223.00	10.0
43	223.95	100.0	223.75	74.0	223.96	305.0	223.65	2.0	223.99	100.0	...	222.62	100.0	224.49	100.0	221.30	4000.0	224.50	5.0	220.40	100.0
45	223.96	295.0	223.75	74.0	223.99	100.0	223.65	2.0	224.00	1451.0	...	222.62	100.0	224.50	5.0	221.30	4000.0	224.89	100.0	220.40	100.0
47	223.99	100.0	223.75	74.0	224.00	1451.0	223.65	2.0	224.24	20.0	...	223.00	10.0	224.89	100.0	222.62	100.0	226.77	100.0	221.30	4000.0

图 5.45　部分价格发生变化的订单

代码列表 5.11　删除中间价没有发生变化的数据

```
1   from keras.utils import to_categorical
2   def RemoveNoNextPriceChangeEvent(df_orderbook):
3       """ 删除中间价没有发生变化的数据"""
4       orderbook = df_orderbook.values
5       midprice=(orderbook[:,0]+orderbook[:,2])/2
6       simple_return = midprice[1:]-midprice[:-1]
7       sign_vec = np.sign(simple_return)
8       index0 = np.where(sign_vec!=0)
9       orderbook = orderbook[:-1, :]
10      sign_vec = sign_vec[index0[0]]
11      sign_vec = sign_vec*0.5+0.5
12      sign_vec = sign_vec.astype('int')
13      label = to_categorical(sign_vec, num_classes=2,dtype='float32')
14      df_orderbook = df_orderbook.iloc[index0]
15      orderbook = df_orderbook.values
16      return orderbook, df_orderbook, label
17  orderbook, df_orderbook, label = RemoveNoNextPriceChangeEvent(df_
        orderbook)
```

输入是 LOB_{τ_i} 的 p 阶滞后项, 即

$$X_i := (LOB_{\tau_i}, LOB_{\tau_{i-1}}, \cdots, LOB_{\tau_{i-p+1}})$$

因此，对价格变动方向的预测可以看作一个二元分类问题，输入和输出分别为 $(X_i, Y_i)_{i=1}^{N}$。代码列表 5.12 给出了准备训练数据需要的函数。这个例子中使用 AAPL（苹果公司）从 2014 年 1 月 2 日—15 日的限价委托单簿数据，并按照 0.8:0.1:0.1 的比例划分训练集、测试集和验证集。

代码列表 5.12 准备训练数据

```
1  def P_Lagged_data(X, p):
2      """ 计算p阶滞后项 """
3      n = X.shape[0]
4      LaggedX = np.zeros([n-p, p, X.shape[1]])
5      for i in range(n-p):
6          LaggedX[i,:,:]=X[i:(i+p),:]
7      return LaggedX
8  def GenerateLaggedValueInputOutput(df_orderbook, label, p):
9      """ 准备训练需要的输入和输出数据"""
10     orderbook = df_orderbook.values
11     inputX = P_Lagged_data(orderbook, p)
12     outputY = label[p:]
13     return inputX, outputY
14 nTimes = df_orderbook.shape[0]
15 inputX, outputY = GenerateLaggedValueInputOutput(df_orderbook,
       label, p=50)
16 #查看输入和输出的维度
17 print(inputX.shape)
18 print(outputY.shape)
```

在训练模型之前需要对数据进行预处理，包括划分训练集和测试集以及标准化（见代码列表 5.13）。

代码列表 5.13 预处理限价委托单簿数据集中的数据

```
1  from sklearn.model_selection import train_test_split
2  from sklearn import preprocessing
3  # 划分训练集和测试集，这里需要将参数shuffle设置为False，因为我们希望使用前90%的数据
       作为训练集，其他作为测试集。
4  # 参数shuffle的默认值是True，默认情况下将会从整个数据集中随机选择测试集数据。
```

```
5  X_train, X_test, y_train, y_test = train_test_split(inputX, outputY,
       test_size=0.1, shuffle = False)
6
7  def Normalize3D_tensor_Data(X_train, X_test):
8      """ 标准化3维张量输入数据 """
9      dim_train = np.shape(X_train)
10     X_train_scaled = np.zeros(np.shape(X_train), dtype = float)
11     X_test_scaled = np.zeros(np.shape(X_test), dtype = float)
12     for i in range(dim_train[1]):
13         scaler = preprocessing.StandardScaler().fit(X_train[:, i, :])
14         X_train_scaled[:, i, :] = scaler.transform(X_train[:, i, :])
15         X_test_scaled[:, i, :] = scaler.transform(X_test[:, i, :])
16     return X_train_scaled, X_test_scaled
17
18 X_train_scaled, X_test_scaled = Normalize3D_tensor_Data(X_train, X_
       test)
```

代码列表 5.14 给出了使用单层 LSTM 模型预测未来中间价变动方向的代码。

代码列表 5.14 使用单层 LSTM 预测价格变动方向

```
1  import tensorflow as tf
2  import keras
3  from tensorflow.keras.layers import Dense, LSTM, Dropout, Activation
4  from tensorflow.keras import optimizers,metrics
5  from tensorflow.keras.models import Sequential
6
7  def lstm(input_shape, nodes, dropout):
8      """ 使用单层LSTM构建循环神经网络 """
9      model = Sequential()
10     model.add(LSTM(nodes,dropout=dropout,input_shape= input_shape,
           use_bias= True))
11     model.add(Dense(10, activation='relu', use_bias= True))
12     model.add(Dense(2,activation='softmax', use_bias= True))
13     adam = optimizers.Adam(lr=0.01, beta_1=0.9, beta_2=0.999, epsilon
           =None,  decay=0.0, amsgrad=False)
14     model.compile(loss='categorical_crossentropy', optimizer='adam',
           metrics= [metrics.categorical_accuracy])
15     return model
16 LightLSTM_Model = lstm(X_train_scaled.shape[1:], 30,0.15)
```

```
17   # 查看LSTM的模型参数
18   print(LightLSTM_Model.summary())
19   hist_LightLSTM = LightLSTM_Model.fit(X_train_scaled, y_train,
         validation_split=0.1, batch_size=2000, epochs=50, shuffle=True,
         verbose=1)
```

图 5.46 和图 5.47 给出了单层 LSTM 的损失函数和准确率在不同时期的变化。

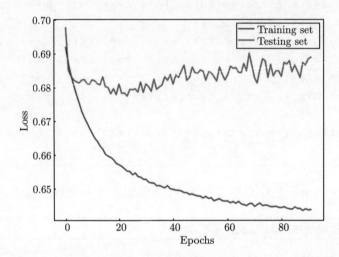

图 5.46   单层 LSTM 在训练集和测试集上的损失函数

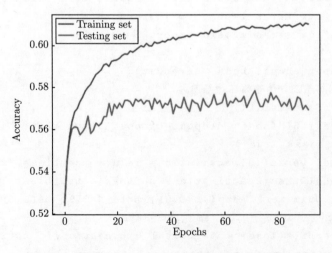

图 5.47   单层 LSTM 在训练集和测试集上的准确率

另外，在代码列表 5.15 中实现了三层 LSTM 模型。将代码列表 5.15 的第 16 行的 lstm（）改为 lstm3（），就可以将三层 LSTM 模型应用到同样的数据集上。相应地，图 5.48 和图 5.49 给出了三层 LSTM 的损失函数和准确率在不同时期的变化。

代码列表 5.15　使用三层 LSTM 预测价格变动方向

```
1   def lstm3(input_shape, nodes,rec_dropout,dropout):
2       """ 使用三层LSTM构建循环神经网络 """
3       model=Sequential()
4       model.add(LSTM(nodes, return_sequences=True, recurrent_dropout=
            rec_dropout dropout=dropout, input_shape=input_shape, use_
            bias= True))
5       model.add(LSTM(nodes, return_sequences=True, recurrent_dropout=
            rec_dropout, dropout=dropout, use_bias= True))
6       model.add(LSTM(nodes, recurrent_dropout=rec_dropout, dropout=
            dropout, use_bias= True))
7       model.add(Dense(50, activation='relu', use_bias= True))
8       model.add(Dense(2, activation='softmax'))
9       adam=optimizers.Adam(lr=0.01, beta_1=0.9, beta_2=0.999, epsilon=
            None,  decay=0.0, amsgrad=False)
10      model.compile(loss='categorical_crossentropy', optimizer='adam',
            metrics= [metrics.categorical_accuracy])
11      return(model)
12  MultiLSTM_Model = lstm3(X_train_scaled.shape[1:], 30, 0.25, 0.2)
13  print(MultiLSTM_Model.summary())
14  hist_MultiLSTM = MultiLSTM_Model.fit(X_train_scaled, y_train,
        validation_split=0.1, batch_size=2000, epochs=50, shuffle=True,
        verbose=1)
```

表 5.1 给出了单层和三层 LSTM 模型在训练集和测试集上的表现比较，包括准确率、召回率和 F1 分数。与单层 LSTM 相比，三层 LSTM 虽然增加了预测的准确率，但效果并不是很明显。如果使用一个小数据集，例如 1 天的限价单簿数据，对两个模型的性能比较可能得出不同的结论。

需要说明的是，这里得到的关于价格变动方向的预测准确率明显低于 [Sirignano and Cont, 2018] 中的结果。在 [Sirignano and Cont, 2018] 中，该方法在样本外数据的平均准确率达到 70%。

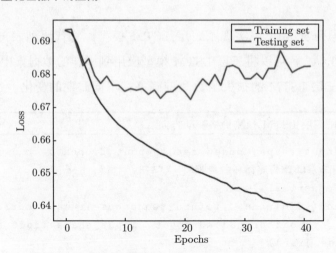

图 5.48 三层 LSTM 在训练集和测试集上的损失函数

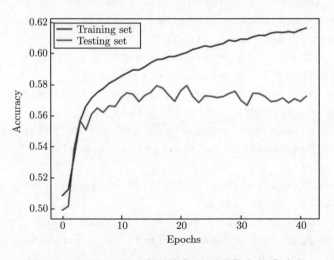

图 5.49 三层 LSTM 在训练集和测试集上的准确率

表 5.1 在预测价格变动方向的任务中，在测试集上单层 LSTM 和三层 LSTM 模型的表现（%）

	准 确 率	精 确 率	召 回 率	F1 分 数
单层 LSTM	56.32	54.12	76.46	62.11
三层 LSTM	57.57	55.24	75.27	62.64

你或许会问，为什么使用相同的神经网络却没有得到相同的结果。原因在于数据集的样本量。[Sirignano and Cont, 2018] 使用了 500 只股票一年内的所有限价委托单簿数据，以训练准确、稳定的预测模型。而本节的例子只使用了单只股票 1 天内的数据。很显然深度

学习算法需要大量的训练数据。由于过拟合问题, 在样本量较小的情况下, 使用深度神经网络可能导致模型预测能力下降。

为了验证这一点, 改变训练集的长度, 分别使用 1、2、4、8、16 和 32 天内的数据, 并观察样本外准确率随训练集长度发生的变化。图 5.50 表明当训练样本增加时, 样本外准确率也有所增加[①]。

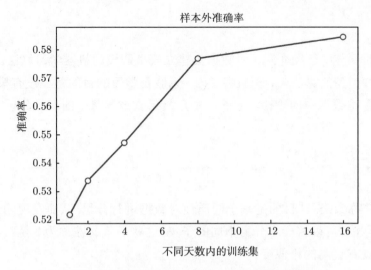

图 5.50 样本外准确率和不同天数内的数据

5.5 练习

1. 写出图 5.9 中神经网络模型的数学表达式。

2. 将 LSTM 应用于 IMBD 数据集[②]。IMBD 是一个用于情感分析的电影评论数据集（你可能需要使用词嵌入将文本数据转换为数字向量）。

---

① 关于样本量的敏感性分析工作由娄夯完成, 在此表示感谢。

② 该数据集的下载网址是https://keras.io/datasets/#imdb-movie-reviews-sentiment-classification。

第 6 章
聚类分析

监督学习的章节中已经介绍了对数据集建立模型假设的机器学习算法。在之后的两章中将讨论另一种类型的算法——无监督学习。无监督学习的目的是在没有模型假设的情况下探索隐藏在多维数据中的规律。本章首先介绍无监督学习中的聚类分析。

6.1 原理简介

聚类分析简称聚类,其目的是基于同质性对数据进行分组,从而发现隐藏的数据结构。换句话说,聚类分析可以将样本分为不同的子集,这些子集又被称为"簇"(cluster),同一个簇中的样本具有更高的相似度。

聚类与监督学习中的分类非常相似,都包含了分类变量。二者的区别在于,分类使用变量 X 的观察值预测变量 Y 的类别,而聚类的目的则是探索 X 自身的结构。

聚类分析已经在许多领域得到了广泛应用。尤其在大数据时代,随着技术的进步,出现了大量高维数据,聚类分析变得尤为重要。由于聚类分析可以探索数据结构的天然属性,可以帮助我们更好地理解和处理数据。例如,计算机视觉中的图像分割、文本信息的高效提取、社会科学研究中的被调查者分组等,都是聚类分析的实际应用。

6.2 节首先介绍聚类分析的通用框架和基本概念。在之后的小节中会依次讨论不同类型的聚类方法,包括分割聚类(K 均值法, K-Means)、层次聚类、密度聚类(DBSCAN)和分布聚类。6.3.3 节展示了如何使用 Python 实现聚类分析。6.7 节介绍了聚类分析在金融中的应用。

6.2 聚类分析框架

在介绍常用的聚类算法之前,首先通过回答以下问题介绍聚类分析的框架。

□ 聚类分析中使用的数据是什么? 聚类问题的目标是什么?

- □ 如何描述样本或簇之间的相似性?
- □ 有哪些可用的聚类方法?
- □ 如何评估聚类结果?

6.2.1　数据集

在无监督学习中, 仍然使用第 2 章中定义的符号表示。X 是一系列数据样本, 有 N 个观察值和 p 个特征。在聚类分析中, 把数据 X 分为一系列簇 $C = \{C_1, C_2, \cdots, C_k\}$, 同一个簇中的点具有更高的相似度。聚类分析的目的是将数据分成紧密而分散的簇, 即簇内差异较小, 簇间差异较大。

簇 C 包含了数据集的所有样本, 样本 i 被分配到簇 C_k 的过程可以看作一个映射。每个样本可以属于一个或多个簇, 当样本属于某一个簇时, 该簇中的样本会表现出相似性。本章中只讨论每个样本属于一个簇的情况。

需要注意的是, 对同一个数据集, 可以从两个维度选择聚类的方向: 可以根据特征对观察值进行聚类, 也可以根据观察值对特征进行聚类。例如, 在图 6.1 中, 研究股票市场时会收集一组股票数据, 包括市值、价格、收益率、成交量和波动性 5 个特征。一方面, 如果想要知道某些股票是不是更加相似, 可以根据特征将股票聚类成不同的簇; 另一方面, 如果希望寻找特征中隐藏的结构信息, 可以根据股票的观察值对特征进行聚类。如果没有明确说明, 在本章中提到的聚类都是指根据特征对观察值进行聚类。

根据特征对观察值进行聚类

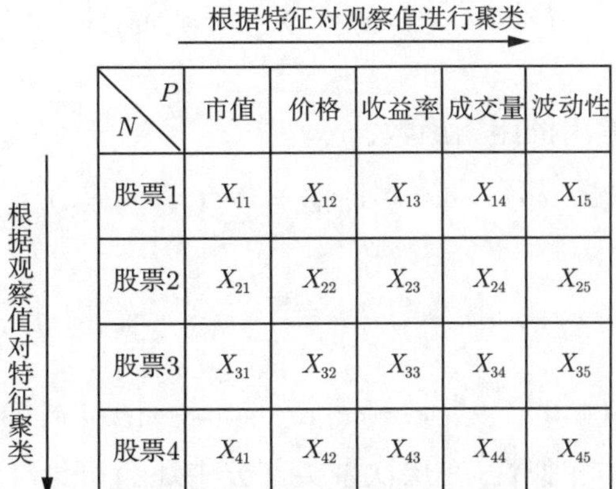

N \ P	市值	价格	收益率	成交量	波动性
股票1	X_{11}	X_{12}	X_{13}	X_{14}	X_{15}
股票2	X_{21}	X_{22}	X_{23}	X_{24}	X_{25}
股票3	X_{31}	X_{32}	X_{33}	X_{34}	X_{35}
股票4	X_{41}	X_{42}	X_{43}	X_{44}	X_{45}
股票5	X_{51}	X_{52}	X_{53}	X_{54}	X_{55}

根据观察值对特征聚类

图 6.1　聚类方向的选择

6.2.2 相似性

从 6.2.1 节中可以看到, 聚类开始于这样一个问题: 两个样本之间有多相似? 因此需要了解相似性的度量指标。数学中使用距离函数 $d : X \times X \to [0, \infty)$ 描述数据样本空间 X 中两点之间的相似性。d 的值越小, 两个样本越相似。两点 x 与 y 的距离 d 满足以下条件:

□ 非负性 $d(x, y) \geqslant 0$。

□ 对称性 $d(x, y) = d(y, x)$。

□ 三角不等式 $d(x, z) \leqslant d(x, y) + d(y, z)$。

□ $d(x, y) = 0 \Rightarrow x = y$。

由于每个数据样本都可以由 p 个特征表达, 因此可以使用 $d_j(x_{ij}, x_{i'j})$ 表示两个样本 x_i 和 $x_{i'}$ 在特征 j 上的距离, $d_j(x_{ij}, x_{i'j})$ 的定义如下:

$$d(x_i, x_{i'}) = \sum_{j=1}^{p} w_j d_j(x_{ij}, x_{i'j})$$

其中, $w_j \geqslant 0$ 是特征 j 的权重, 代表特征 j 对于总体距离的影响。

是否为所有特征分配相同的权重取决于数据结构和聚类目标。假设所有特征使用相同的距离度量和权重, 则距离函数 d 等价于:

$$d_{ii'} = d(x_i, x_{i'}) = \sum_{j=1}^{p} d(x_{ij}, x_{i'j})$$

以下是聚类分析中常用的距离函数:

□ 欧几里得距离: $d(x_i, x_{i'}) = \|x_i - x_{i'}\|_2 = \sum_{j=1}^{p} (x_{ij} - x_{i'j})^2$。

□ 曼哈顿距离: $d(x_i, x_{i'}) = \|x_i - x_{i'}\|_1 = \sum_{j=1}^{p} |x_{ij} - x_{i'j}|$。

□ 切比雪夫距离: $d(x_i, x_{i'}) = \|x_i - x_{i'}\|_\infty = \max_{j=1,2,\cdots,p} |x_{ij} - x_{i'j}|$。

除了以上介绍的样本相似性, 在层次聚类部分中还会讨论群组相似性。

6.2.3 聚类方法

定义样本的相似性后, 就可以开始进行样本聚类。聚类方法可以分为以下两类。

- 分割聚类。分割聚类的目的是根据相似性将每个样本分配给一个簇。分割聚类算法通过迭代优化目标函数直到收敛。最常用的分割聚类方法是 6.3 节中介绍的 K 均值法。不同分割聚类方法的区别在于距离函数、初始值和数据样本等,但大多数都需要预先指定簇的个数。

- 层次聚类。层次聚类可以通过递归构建层层嵌套的簇,相对于分割聚类的平面结构,这种层次结构能够揭示更多数据的信息。层次聚类的过程可以由树状图表示,既可以自底向上,也可以自顶向下构建。在 6.4 节中将会介绍自底向上构建树状图的方法。不同层次聚类方法的主要区别在于群组相似性的度量方法。

6.2.4 检验指标

在得到聚类结果后,可以用以下两种方法检验聚类形成的簇是否具有良好的结构。

- 如果没有关于分组的外部信息,可以测量聚类结果的紧密和分散程度。轮廓系数(silhouette coefficient)是一种常用的度量指标。

- 如果有外部标签可以参考,可以将聚类结果与外部标签比较,评估聚类效果。与分类任务不同的是,此时的目标不是将不同的标签当作误差,而是评估聚类结果是否与参考标签相似。调整兰德指数(Adjusted Rand Index, ARI)是一种常用的度量指标。

接下来介绍轮廓系数。首先定义样本 i 的轮廓系数 $s(i)$:

$$s(i) := \frac{b(i) - a(i)}{\max(a(i), b(i))}$$

- a_i 是样本 i 与同一簇中其他样本的平均距离。
- b_i 是样本 i 与最近簇中样本的平均距离。

从定义中可以看出,轮廓系数的取值在区间 $[-1, 1]$。

- 如果 $s(i)$ 接近 1,意味着簇内距离 $a(i)$ 很小,簇间距离 $b(i)$ 很大。而这正是聚类的目的,因此,这种情况说明聚类效果较好。

- 如果 $s(i)$ 接近 0,意味着 $a(i)$ 和 $b(i)$ 很接近,数据 i 位于两个簇的边界上。

- 如果 $s(i)$ 接近 -1,意味着簇内距离 $a(i)$ 远大于簇间距离 $b(i)$,表明聚类算法对于样本 i 的分组很差。

在定义样本的轮廓系数之后,对聚类形成的所有簇中的样本取平均值,可以得到数据集的轮廓系数, 从而评估聚类效果。在 6.3 节的 K 均值法中, 可以看到轮廓系数提供的一种聚类结果的图形表示方法, 并且可以用来确定最优的聚类簇数 K。

6.3 K 均值法

6.3.1 原理简介

在本节中将介绍最常用的分割聚类方法 ——K 均值法。K 均值法的目标是在给定的数据集中找到 K 个互不重叠的簇。在 K 均值法中, 一般使用欧几里得距离, 并且通过以下目标函数找到簇 $C = \{C_1, C_2, \cdots, C_K\}$:

$$\arg\min_{\{C_1,C_2,\cdots,C_k\}} \sum_{k=1}^{K} \sum_{\{x_i \in C_k\}} ||x_i - \mu_k||^2 \tag{6.1}$$

μ_k 是簇 C_k 的聚类中心, 即 $\mu_k = \dfrac{1}{|C_k|} \sum\limits_{x_i \in C_k} x_i$, $|C_k|$ 表示簇 C_k 的大小。

上述目标函数等价于最小化簇内方差

$$\arg\min_{\{C_1,C_2,\cdots,C_k\}} \sum_{k=1}^{K} \frac{1}{2|C_k|} \sum_{\{x_i,x_{i'} \in C_k\}} ||x_i - x_{i'}||^2 \tag{6.2}$$

总体方差 $\sum\limits_{x_i,x_{i'} \in C} ||x_i - x_{i'}||^2$ 等于簇内方差与簇间方差之和, 在总体方差不变的情况下, 最小化簇内方差等价于最大化簇间方差。K 均值法的迭代过程见算法 10。

算法 10 K 均值法

1: 随机生成 K 个聚类中心。
2: 将每个样本分配给距离最近的聚类中心形成不同的簇。
3: 重新计算聚类中心。
4: 重复步骤 2 和步骤 3, 直到聚类中心不再发生变化。

需要注意的是, 最小化式 (6.2) 是一个 NP 难问题, 上述算法收敛于局部极小值, 而不是全局最小值。图 6.2 展示了 K 均值法在 Iris 数据集上的迭代过程。

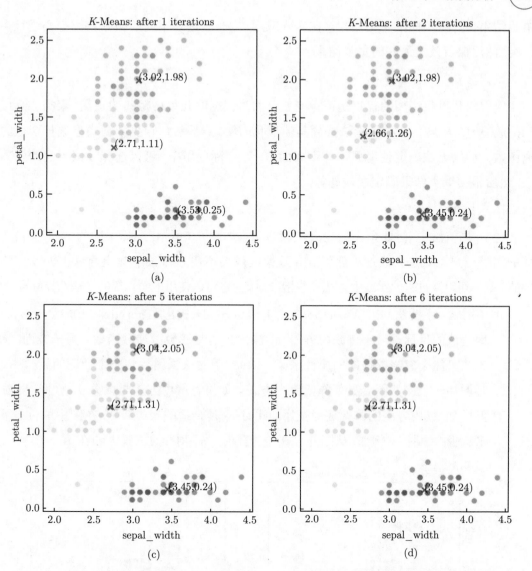

图 6.2 K 均值法在 Iris 数据集上的迭代过程（不同颜色代表不同的簇，点 x 表示聚类中心）

6.3.2 参数选择

在 K 均值算法中，有一些参数需要被预先指定：初始聚类中心、距离函数和聚类簇数 K。

初始聚类中心

从算法 10 中可以看出，K 均值算法是从随机初始化聚类中心开始的，不同的初始聚类中心结果会导致不同的聚类结果。在实际应用中, 一般选择不同的初始聚类中心进行多次聚类, 然后保留效果最好的聚类结果。

距离函数

使用欧几里得距离的优点是简单直观。因为根据欧几里得距离的定义, 聚类会形成球形的簇, 所以 K 均值法往往无法找到其他形状的簇。一般可以根据数据类型选择合适的距离函数。如果无法确定使用哪一种距离函数, 在实际应用中, 可以选择尝试不同的距离函数, 然后根据聚类结果确定最佳选择。

聚类簇数 K

在 K 均值法中, 需要预先指定聚类簇数 K。如图 6.3 所示, 选择不同的 K 值会产生不同的聚类结果。K 过大或过小都可能导致聚类效果不佳, 因此如何确定合适的 K 是一个重要的问题。可以从过去的实践中总结一些指导原则, 也可以使用下面介绍的一些选择标准。

- 手肘法。手肘法（Elbow method）由 R. Thorndike 提出 [Thorndike, 1953]。一方面, K 均值法的目标是最小化簇内方差, 而簇内方差是簇数的递减函数；另一方面, 太多的簇可能会忽略数据的同质性信息。因此, 手肘法试图找到一个合适的簇数 K, 此时增加一个簇并不会显著降低簇内方差。如果将簇内方差与簇数 K 作图, 随着 K 值增加, 簇内方差的降幅逐渐变小。此时 K 是合适的聚类簇数, 在图中的位置看起来就像"手肘"。例如, 从图 6.4 中可以看出, "手肘"的位置大约在 $K = 6$。

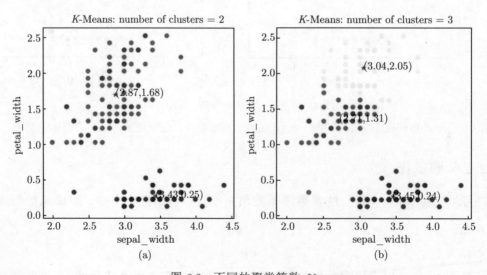

图 6.3 不同的聚类簇数 K

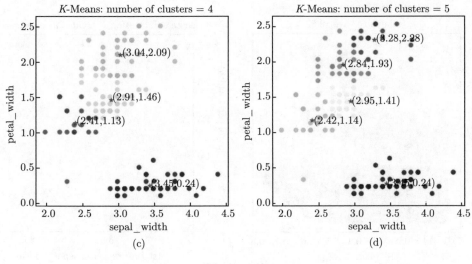

图 6.3 (续)

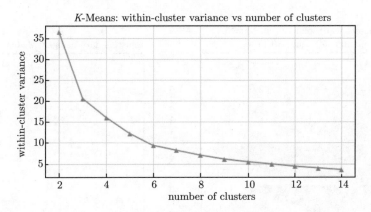

图 6.4 K 均值法的簇内方差是聚类簇数的函数

☐ 轮廓系数法。在 6.2 节中介绍的轮廓系数可以用来评估聚类效果, 此外 $s(i)$ 还可以用来确定聚类簇数 K。图 6.5 给出了轮廓系数法的一个例子。

如果 K 过小, 对于簇间距离较大的数据集, 聚类算法不得不合并一些簇以减少簇的数量。在这种情况下会得到较大的簇内距离 $a(i)$ 和较小的 $s(i)$。

如果 K 过大, 一些自然的簇会被拆分。在这种情况下会得到较小的簇间距离 $b(i)$ 和较小的 $s(i)$。

从上面的分析可以看出, 最优聚类簇数 K 应该使轮廓系数取到尽可能大的值。

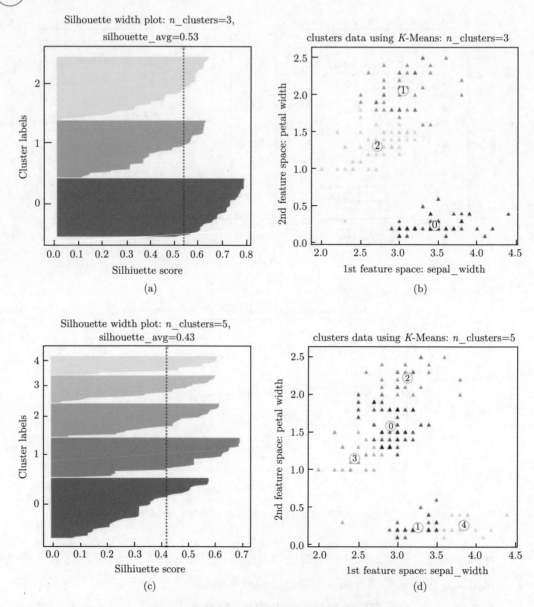

图 6.5 使用轮廓系数法选择最优聚类簇数 K

☐ 其他方法。正如前面提到的, 可以设置不同的选择标准来确定 K 值, 例如 R. Tib-shirani 提出的间隔统计量 (gap-statistics) [Tibshirani et al., 2001]。此外, 可视化有时非常有用, 可以与其他方法结合检验聚类效果。

均值法总结如图 6.6 所示。

> □ 给定聚类簇数 K,K 均值法的优化目标是最小化簇内方差。
>
> □ K 均值算法可以收敛于局部极小值, 聚类结果与初始聚类中心有很强的相关性。
>
> □ K 均值法需要预先指定聚类簇数 K, 可以根据实践经验或者聚类结果来选择合适的 K。
>
> □ K 均值法并不适用于所有的数据类型。

图 6.6 K 均值法总结

6.3.3 K 均值法的实现

Scikit-Learn 库中的 sklearn.cluster 模块可以对未标记的数据进行聚类。代码列表 6.1 中简要介绍了如何在 Scikit-Learn 中实现 K 均值法。具体的参数设置请查阅 Scikit-Learn 官方文档[①]。

代码列表 6.1 使用 Scikit-Learn 实现 K 均值法

```
1  from sklearn.cluster import KMeans
2  def model_kmeans(data, n_clusters, init_method = 'k-means++',n_init
      =10):
3      model = KMeans(n_clusters=n_clusters, init=init_method, n_init=n_
          init)
4      model.fit(data)
5      cluster_labels = model.predict(data)
6      cluster_centers = model.cluster_centers_
7      within_cluster_variance = model.model.inertia_
8      fit_res = {
9      'cluster_method': 'kmeans',
10     'model': model,
11     'cluster_labels': cluster_labels,
12     'cluster_centers': cluster_centers,
13     'cluster_wcv': within_cluster_variance
14     }
15 return fit_res
```

---

① 详见https://scikit-learn.org/stable/modules/generated/sklearn.cluster.KMeans.html。

6.4 层次聚类

在 6.3 节中可以看到, K 均值法会产生一个平面的聚类结构, 并且需要预先指定聚类簇数 K。本节将介绍层次聚类, 通过树结构的聚类结果提供了更多信息, 并且不需要预先输入参数。

常用的层次聚类方法有两种。一种方法是 HAC（Hierarchical Agglomerative Clustering）, 这是一种自底向上的聚类方法。HAC 将每个样本都看作一个单独的簇, 通过迭代不断合并相近的两个簇, 直到所有样本都被分到一个簇中（如算法 11 所示）; 另一种方法是 HDC（Hierarchical Divisive Clustering）, 这是一种采用自顶向下的聚类方法。HDC 将所有样本看作同一个簇, 通过迭代不断分割簇, 直到每个样本都成为一个单独的簇。

算法 11　Hierarchical Agglomerative Clustering

1: 将所有样本都看作一个单独的簇。
2: 计算所有簇之间的相似度。
3: 合并距离最近的两个簇。
4: 重复步骤 2 和步骤 3, 直到所有样本属于同一个类。

在层次聚类的过程中会自然地形成一个树状图。HAC 从所有叶子开始, 不断聚类形成树根; HDC 从树根开始, 不断分裂形成叶子。本节将重点介绍自底向上的 HAC, 并通过树状图展示 HAC 是如何进行聚类的。

6.4.1　链接方式

HAC 算法需要选择群组之间相似性的度量方法, 又被称为"链接"（linkage）。接下来将介绍 4 种链接方式。

❑ 单链接（single linkage）将群组 G 和 H 的距离定义为群组中两点的最小距离

$$d_{\mathrm{SL}}(G, H) = \min_{x_i \in G, x_j \in H} d(x_i, x_j)$$

由于单链接只关心群组中距离最小的两个样本, 而不需要其他样本, 因此无法保证组内相似性。

❑ 全链接（complete linkage）与单链接相反, 将群组 G 和 H 的距离定义为群组中两点的最大距离

$$d_{\mathrm{CL}}(G, H) = \max_{x_i \in G, x_j \in H} d(x_i, x_j)$$

不同于单链接, 全链接倾向于合并相似的簇, 从而产生紧密的聚类结果。但因为使用了最大距离, 被合并的簇中的样本可能与其他簇中的样本距离更近。

☐ 平均链接（group average）将群组 G 和 H 的距离定义为群组中所有点的平均距离

$$d_{\mathrm{GA}}(G, H) = \frac{1}{N} \sum_{x_i \in G, x_j \in H} d(x_i, x_j) = \frac{1}{|G|} \frac{1}{|H|} \sum_{x_i \in G, x_j \in H} d(x_i, x_j)$$

$|G|$ 和 $|H|$ 是群组的大小。通过取平均值, 平均链接可以被看作单链接和全链接的结合。

☐ Ward 方法由 Ward, J. H., Jr. 提出 [Ward Jr, 1963]。这个方法递归地合并使簇内方差增加最小的两个簇。因此使用的距离函数是欧氏距离。

除了上述链接方法, 还有一些其他链接方法。例如基于聚类中心的链接（centroid-based linkage）, 该链接方法使用的距离是基于聚类中心的距离：$d_{\mathrm{C}}(G, H) = d(\mu_G, \mu_H)$。

6.4.2　树状图

树状图是一种有用的工具, 能够可视化 HAC 聚类过程中的层次结构。图 6.7 展示了在不同的链接方法下, 层次聚类算法如何从只有一个样本的独立小簇逐步迭代到包含所有样本的最大簇。

树状图可以展示层次聚类的动态过程。因为最终目标是找到最优的聚类, 所以需要决定算法在树状图的哪个层次停止。可以在树状图中指定方差阈值（variance threshold）, 这样等价于指定聚类簇数。图 6.8 展示了使用不同链接方法的聚类结果, 指定方差阈值后形成了 3 个簇, 但可以看到形成的簇非常不同。

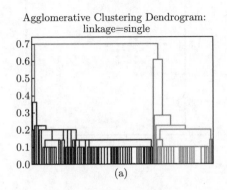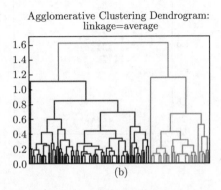

图 6.7　不同链接方式下层次聚类 HAC 算法的树状图（纵轴表示簇间的欧氏距离）

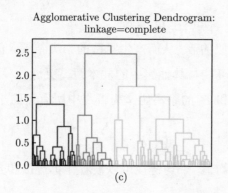

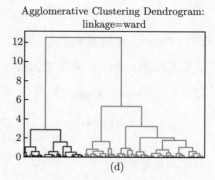

图 6.7 （续）

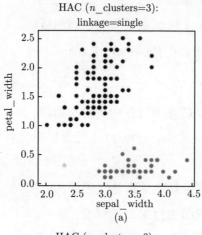

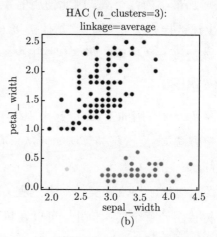

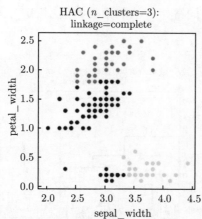

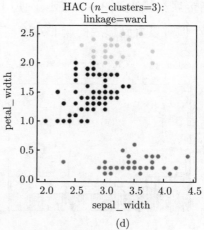

图 6.8　指定方差阈值的 HAC 算法

6.4.3　层次聚类的实现

代码列表 6.2 绘制了 HAC 算法的树状图, 并在代码列表 6.3 中实现了给定簇数的 HAC 算法。

代码列表 6.2　绘制 HAC 算法的树状图

```
1  from scipy.cluster import hierarchy
2  # ['single', 'average', 'complete', 'ward']
3  linkage = 'complete'
4  fig = hierarchy.dendrogram(Z=hierarchy.linkage(data, linkage))
```

代码列表 6.3　实现给定簇数的 HAC 算法

```
1  from sklearn.cluster import AgglomerativeClustering
2  def agglomerative_clustering(data,linkage,n_clusters):
3    model = AgglomerativeClustering(
4          linkage=linkage,
5          n_clusters=n_clusters)
6    model.fit(data)
7    labels = model.labels_
8    fit_res = {'labels':labels, 'fitted_model':model}
9    return fit_res
```

6.5　密度聚类: DBSCAN

DBSCAN[1][Ester et al., 1996]是一种基于区域密度和数据点连接性的聚类算法。图 6.9 展示了 DBSCAN 算法的一个例子, 并与 HAC 中介绍的 Ward 方法进行了比较。可以看到, 对于这样的数据结构, DBSCAN 给出了更加合理的聚类结果。

6.5.1　原理简介

密度的概念由参数对 $\theta = (\epsilon, \mathrm{minPoints})$ 和距离 d 刻画。

---

[1] 详见 Density-Based Spatial Clustering of Applications with Noise。

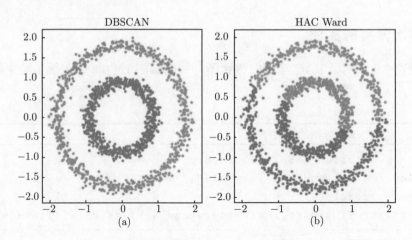

图 6.9　DBSCAN 和 HAC Ward 算法的比较

- ϵ- 邻域：点 $p \in X$ 的 ϵ- 邻域定义为 $N_\epsilon(p) := \{q \in X | d(p,q) \leqslant \epsilon\}$，其中，$d$ 是距离，ϵ 是半径。

- 核心点：如果 $N_\epsilon(q) \geqslant \mathrm{minPoints}$，则点 $q \in X$ 是一个核心点。

可以看到，参数 θ 和距离 d 描述了一个点周围密度的概念，而核心点刻画了密度的标准。

接下来介绍 X 中点与点之间的连接性。

- 密度直达：q 是 X 的一个核心点，如果 $p \in N_\epsilon(q)$，则 p 由 q 密度直达。

- 密度可达：如果 X 中存在一系列点 $p_1 = p, \cdots, p_n = q$，对于所有 $i = 1, 2, \cdots, n-1$，p_{i+1} 由 p_i 密度直达，则 p 由 q 密度直达。

可以看到，密度可达是一个比密度直达更弱的条件。

接下来可以定义密度聚类中的簇。X 中的一个参数为 $\theta = (\epsilon, \mathrm{minPoints})$ 的簇 C 是一个非空子集，包括核心点和由核心点密度可达的点。与之前方法不同的是，一旦算法找到所有簇 $\{C_i\}_i$，如果存在所有簇都不包含的点，这些点被称为 X 的噪声。

DBSCAN 算法总结见算法 12。

算法 12　DBSCAN 算法

给定 $\theta = (\epsilon, \mathrm{minPoints})$：

1: 寻找数据集的所有核心点。

2: 对于每个核心点，寻找由核心点密度可达的所有点，聚类形成一个簇。

3: 在步骤 1 和步骤 2 之后，数据集中剩余的点被分配到噪声集。

以上定义的簇满足以下性质:

- 对于任意 $p,q \in C$, p 由 q 密度可达。换句话说, 如果一个点由一个簇中任意一点密度可达, 则该点也属于这个簇。

- 如果 X 中存在一个点 o, p 和 q 都由 o 密度可达, 则称 p 与 q 密度相连。同一簇中的所有点相互密度相连。可以看出, 与密度可达不同, 密度相连是一个对称条件。

- 一个簇包括两种类型的点。第一类是满足核心点条件的核心点。第二类是边界点 (border point), 通常这类点在 $N\epsilon$ 邻域中比核心点少。

6.5.2　参数选择

使用 DBSCAN 的一个挑战是选择合适的参数 $\theta = (\epsilon, \text{minPoints})$ 和距离 d:

- minPoints: [Ester et al., 1996] 建议设置 $\text{minPoints} = 2 \times p - 1$, 其中 p 是数据集的维度。

- ϵ: 过小的 ϵ 会导致大部分数据没有被聚类; 过大的 ϵ 会导致大部分数据在同一个簇中。可以使用 k 距离图表示密度分布: 选择 $k = \text{minPoints} - 1$, 将所有点到 k 邻域的距离按降序排列。选择 y 轴 "手肘" 处的 ϵ, 这个点直观地显示了噪声与簇内点之间的边界。

- 距离 d: 在确定其他参数之前, 需要首先选择距离函数。距离函数的选择通常取决于数据集和实际问题, 一般使用欧式距离。

需要注意的是, 数据集中的每个簇都可以有特定的参数 θ, 但通常会为所有簇指定一个统一的参数。关于 DBSCAN 算法的总结见表 6.1。

表 6.1　DBSCAN 的优点

- DBSCAN 不需要预先指定聚类簇数。

- DBSCAN 可以区分簇和噪声, 因此与其他聚类方法相比, 对异常值具有更强的健壮性。

- DBSCAN 可以找到任意形状的簇 (见图 6.8)。

- 与 K 均值法等依赖于初始化的聚类方法不同, DBSCAN 几乎是一种确定性聚类。但是, 如果两个簇非常接近, DBSCAN 簇的边界点可能依赖于数据的顺序。

6.6 分布聚类

6.6.1 原理简介

在之前的内容中, 因为不同的聚类方法将每个点分配给一个簇或噪声集, 所以聚类结果是确定性的, 这类聚类方法被称为**硬聚类**(hard-clustering)。而**软聚类**(soft-clustering)将点根据概率分配给一个簇, 所以又被称为基于分布的(distribution-based)聚类。在软聚类中, 数据空间 X 中的任意一点 x_i 属于簇 C_j 的概率是 $P(x_i \in C_j) = p_{j,i}$, 并且 $\sum_{C_j \in C} p_{j,i} = 1$。因此, 软聚类的关键是对数据集的概率分布作出假设。

一个常用的分布假设是**高斯混合模型**(Gaussian Mixture Model, GMM)。**K 高斯混合分布**是 K 个高斯分布的线性组合 $X = \sum_{k=1}^{K} \pi_k X_k$, 混合系数 $\pi_k \in [0, 1]$, $\sum_{k=1}^{K} \pi_k = 1$。如果第 k 个高斯分布 X_k 的概率密度可以表示为 $p_N(x|\mu_k, \Sigma_k)$, 则 X 的高斯混合概率密度为

$$p(x) = \sum_{k=1}^{K} \pi_k p_N(x|\mu_k, \Sigma_k)$$

如果选择一个足够大的 K 和参数 π、μ、Σ, 几乎所有连续概率密度都可以在给定的精度水平下使用高斯混合分布逼近。因此高斯混合模型有着广泛的应用。接下来需要通过最大化概率密度函数估计高斯混合模型的参数。

高斯混合概率密度的参数集是 $\theta = \{\pi = (\pi_k)_k, \mu = (\mu_k)_k, \Sigma = (\Sigma_k)_k\}$。如果使用最大似然估计, 则对数似然函数可以写成

$$\ln p(X|\theta) = \ln p(X|\pi, \mu, \Sigma) = \sum_{n=1}^{N} \ln \left(\sum_{k=1}^{K} \pi_k p_N(x_n|\mu_k, \Sigma_k) \right) \tag{6.3}$$

需要注意的是, 由于对数项中包含 $\sum_{k=1}^{K} \pi_k p_N(x_n|\mu_k, \Sigma_k)$, 因此上述问题没有解析解。此时可以使用最大期望算法。接下来首先介绍最大期望算法的通用框架, 然后进一步得到高斯混合模型的最大期望算法。

6.6.2 最大期望算法

最大期望(Expectation Maximization, EM)算法的目标是最大化观测变量 X 的似然函数 $p(X|\theta)$。这里需要引入一个潜在变量 Z, (X, Z) 为完整数据集。假设 (X, Z) 的联合分布

是 $p(X, Z|\theta)$, 潜在变量 Z 的概率分布函数为 $q(Z)$, θ 是参数集。使用最大期望算法通常需要满足两个条件: (1) 最大化 (X, Z) 的似然函数比最大化 X 的原始似然函数更简单; (2) 两个优化问题的解相同。接下来需要建立 X 和 (X, Z) 之间的关系。

由贝叶斯理论和边际分布可以得到

$$p(X|\theta) = \frac{p(X, Z|\theta)}{p(Z|X, \theta)}$$

$$p(X|\theta) = \sum_Z p(X, Z|\theta)$$

因此, 对数似然函数可以写成

$$\ln p(X|\theta) = \underbrace{\sum_Z q(Z) \ln \frac{p(X, Z|\theta)}{q(Z)}}_{:=L(q,\theta)} + \underbrace{\left(-\sum_Z q(Z) \ln \frac{p(Z|X, \theta)}{q(Z)} \right)}_{:=KL(q,p,\theta)} \tag{6.4}$$

其中, $KL(q, p, \theta)$ 是概率分布 $q(Z)$ 和 $p(Z|X, \theta)$ 的 KL 散度 (Kullback-Leibler Divergence, KLD), 满足 $KL(q, p, \theta) \geqslant 0$。因此, $\ln p(X|\theta) \geqslant L(q, \theta)$。当且仅当 $p(Z|X, \theta) = q(Z)$ 时, $\ln p(X|\theta) = L(q, \theta)$ 成立。

接下来介绍最大化 $\ln p(X|\theta)$ 的最大期望算法, 算法总结见算法 13。算法的思路是找到最大化 $p(X, Z|\theta)$ 的最优参数, 同时这个最优参数也是原问题最大化 $\ln p(X|\theta)$ 的解。

算法 13　最大期望算法

1: 初始化: 选择初始参数集 θ_{old}。

2: E 步 (Expectation Step): 固定 θ_{old}, 最大化 $L(q, \theta_{\text{old}})$

$$q^*(Z) = \arg\max_q L(q, \theta_{\text{old}}) \tag{6.5}$$

根据式 (6.4), 可得这个问题的解是 $q^*(Z) = p(Z|X, \theta_{\text{old}})$。

3: M 步 (Maximization Step): 使用 E 步中的 $q^*(Z)$, 最大化 $L(q, \theta)$

$$\theta_{\text{new}} = \arg\max_\theta L(q^*, \theta) = \arg\max_\theta \sum_Z p(Z|X, \theta_{\text{old}}) \ln p(X, Z|\theta) \tag{6.6}$$

4: 收敛检验: 如果解 θ_{new} 不满足定义的收敛条件, 则将 θ_{old} 的值设为 θ_{new}, 并且重复步骤 2 和步骤 3。

□ 在每一次 (E 步, M 步) 迭代中, M 步的解 θ_{new} 使对数函数 $\ln p(X|\theta)$ 变大, 因为

- ❑ E 步中, 可以得到 $\ln p(X|\theta_{\text{old}}) = L(q^*, \theta_{\text{old}})$。

- ❑ M 步中, $\ln p(X|\theta_{\text{new}}) = L(q^*, \theta_{\text{new}}) + KL(q^*, p, \theta_{\text{new}}) \geqslant L(q^*, \theta_{\text{new}})$。

因为 $L(q^*, \theta_{\text{new}}) \geqslant L(q^*, \theta_{\text{old}})$, 可以得到 $\ln p(X|\theta_{\text{new}}) \geqslant \ln p(X|\theta_{\text{old}})$。由单调性得到收敛。

- ❑ 优化问题主要集中在 M 步。优化目标是对数函数的和, 通常比原目标函数简单（如式（6.3））。

- ❑ 最大期望算法无法保证收敛于全局最大值, 算法可能收敛于局部极大值。

高斯混合模型

回到式（6.3）, 潜变量 Z 是高斯混合模型中的混合变量。于是可以得到高斯混合模型的最大期望算法, 见算法 14。

算法 14   高斯混合模型的最大期望算法

对于 $k = 1, 2, \cdots, K$:

1: 初始化: 选择参数集 $(\mu_k^{\text{old}}, \Sigma_k^{\text{old}}, \pi_k^{\text{old}})$ 的初始值。

2: E 步: 评估给定 X 时 Z 的后验概率 r:

$$
\begin{aligned}
r(z_{nk}) &= p(Z_k = 1|X_n) \\
&= \frac{p(Z_k = 1)p(X_n|Z_k = 1)}{\sum_{j=1}^{K} p(Z_j = 1)p(X_n|Z_j = 1)} \\
&= \frac{\pi_k^{\text{old}} p_N(X_n|\mu_k^{\text{old}}, \Sigma_k^{\text{old}})}{\sum_{j=1}^{K} \pi_j^{\text{old}} p_N(X_n|\mu_j^{\text{old}}, \Sigma_j^{\text{old}})}
\end{aligned}
\tag{6.7}
$$

3: M 步: 使用式（6.7）中的 r, 定义 $N_k := \sum_{n=1}^{N} r(z_{nk})$, 并且更新以下最大化目标函数 $L(r, \theta)$ 的参数:

$$
\mu_k^{\text{new}} = \sum_{n=1}^{N} \frac{r(z_{nk})}{N_k} X_n
$$

$$
\Sigma_k^{\text{new}} = \sum_{n=1}^{N} \frac{r(z_{nk})}{N_k}(X_n - \mu_k^{\text{new}})(X_n - \mu_k^{\text{new}})^{\text{T}}
$$

$$
\pi_k^{\text{new}} = \frac{N_k}{N}
$$

4: 收敛检验: 使用 M 步中更新的参数 $(\mu^{\text{new}}, \Sigma^{\text{new}}, \pi^{\text{new}})$, 检验对数似然函数 $\ln p(X|\mu^{\text{new}}, \Sigma^{\text{new}}, \pi^{\text{new}})$ 是否达到给定的收敛标准。如果不满足则返回步骤 2。

6.7　数值实验：聚类分析

关于聚类分析的应用详见 7.2.5 节，将聚类分析应用于主成分分析中。

6.8　练习

1. 分类和聚类的主要区别是什么?
2. 列举三种常见的聚类方法及其原理。
3. 解释 K 均值法以及实际使用中的限制。

第 7 章
主成分分析

本章将介绍另一类使用广泛的无监督学习模型——主成分分析（Principal Component Analysis, PCA）。在机器学习中，当特征空间的维度较高时，降维可以帮助我们找出原始特征空间的关键结构，从而更加准确地使用监督学习算法。

对特征空间进行降维的通用框架主要有两种：

❑ 特征选择（feature selection）：从原始变量中提取特征。特征选择可以使用领域知识完成，也可以使用自动化的方法。

❑ 特征工程（feature engineering）：通过线性或非线性映射将高维数据转换为低维数据，同时尽量保持原始数据中的信息。

主成分分析属于特征工程，通过映射变换挖掘高维数据中潜在的重要数据结构，并通过降维来有效处理数据。

7.1 原理简介

主成分分析假设 p 维特征的数据 $X = (X_1, X_2, \cdots, X_p)$ 的信息可以完全由其二阶矩（协方差）表示。主成分分析的目标是通过线性变换找到一个新的空间，在新空间中 X 可以使用低维变量表示，同时最大限度地保留 X 的原始信息。

假设数据 X 的均值在原点，目标是找到一个线性变换 V：

❑ 变换后的 $\boldsymbol{Z} := \boldsymbol{X}\boldsymbol{V}$ 由一组相互正交的 p 维新特征组成，并且各特征的方差递减。

❑ $X = ZV^{-1}$ 可以看作是新特征空间上的投影。

7.1.1 线性变换

矩阵 $\boldsymbol{V} = (v_1, v_2, \cdots, v_p)$ 被称为载荷矩阵（loading matrix），其中，$\boldsymbol{v}_k = (v_{1k}, v_{2k}, \cdots,$

$v_{pk})^{\mathrm{T}}$ 是 V 的第 k 个列向量。通过 X 的线性变换, 可以得到

$$Z = XV$$

在主成分分析中, V 需要满足以下条件:

☐ 范数: 欧几里得范数 $||v_k||^2 = 1, \forall\, k \in \{1, 2, \cdots, p\}$。

☐ 方向: 在指定的范数表示下, 需要选择一个方向使得转换变量 $Z_k = Xv_k$。其中, Z_1, $Z_2, \cdots, Z_p$ 两两相互正交, 并且方差由大到小排列: $\mathrm{var}(Z_1) \geqslant \mathrm{var}(Z_2) \geqslant \cdots \geqslant \mathrm{var}(Z_p)$。$(Z_k)_{i=1}^p$ 被称为第 k 个主成分, 又被称为主成分得分。

Z 的向量两两相互正交并且方差递减是很重要的性质, 这代表其中的信息独立并且重要性逐渐递减, 为降维提供了充分的条件。

算法 15 描述了求解载荷矩阵 V 的过程。在 7.1.2 节中将看到算法 15 通过奇异值分解 (Singular Value Decomposition, SVD) 的等价求解。

算法 15　求解载荷矩阵 V

1: 求解 v_1:

$$v_1 = \arg \max_{||v||=1} ||Xv||^2$$

$Z_1 := Xv_1$ 是方差最大的转换变量, 即 $||Z_1||^2 = \max_{||v||=1} ||Xv||^2$。

2: 求解 v_k, 其中, $k = 2, \cdots, p$:

$$v_k = \arg \max_{||v||=1} ||\tilde{X}_k v||^2$$

其中, $\tilde{X}_k$ 表示前 $k-1$ 个变量没有包含的关于 X 的信息:

$$\tilde{X}_k = X - \sum_{j=1}^{k-1} \tilde{X}_j = X - \sum_{j=1}^{k-1} (Xv_j)\, v_j^{\mathrm{T}}$$

7.1.2　奇异值分解

一个 $N \times p$ 的实矩阵[①] X 可以被分解为

$$X = UDV^{\mathrm{T}}$$

其中,

---

① 这里只考虑实矩阵的奇异值分解。

- $\boldsymbol{U}$ 是 $N \times p$ 的正交矩阵[1]: $\boldsymbol{U}$ 的行和列都是正交向量, $\boldsymbol{U}^{\mathrm{T}}\boldsymbol{U} = \boldsymbol{I}_p$, $\boldsymbol{I}_p$ 是 $p \times p$ 的单位矩阵。

- $\boldsymbol{V}$ 是 $p \times p$ 的正交矩阵: $\boldsymbol{V}$ 的行和列都是正交向量, $\boldsymbol{V}^{\mathrm{T}}\boldsymbol{V} = \boldsymbol{I}_p$。

- $\boldsymbol{D}$ 是 $p \times p$ 的对角矩阵, 矩阵元素 $(d_i)_{i=1,2,\cdots,p}$ 被称为奇异值 (singular value), 并且 $d_1 \geqslant d_2 \geqslant \cdots d_p \geqslant 0$。

由于有标准的数值方法进行奇异值分解, 可以得到矩阵 $\boldsymbol{U}$、$\boldsymbol{D}$ 和 $\boldsymbol{V}$。因此, 新坐标中的数据, 即主成分 $\boldsymbol{Z}$ 可以由以下公式得到

$$\boldsymbol{Z} = \boldsymbol{X}\boldsymbol{V} = (\boldsymbol{U}\boldsymbol{D}\boldsymbol{V}^{\mathrm{T}})\boldsymbol{V} = \boldsymbol{U}\boldsymbol{D} \tag{7.1}$$

7.1.3　$\boldsymbol{X}$ 和 $\boldsymbol{Z}$ 的方差

也可以从协方差的角度理解主成分分析。通过奇异值分解可以得到 $\boldsymbol{X}$ 的经验协方差矩阵:

$$\begin{aligned}
\boldsymbol{\Sigma}_X &= \frac{1}{N-1}\boldsymbol{X}^{\mathrm{T}}\boldsymbol{X} \\
&= \frac{1}{N-1}(\boldsymbol{U}\boldsymbol{D}\boldsymbol{V}^{\mathrm{T}})^{\mathrm{T}}(\boldsymbol{U}\boldsymbol{D}\boldsymbol{V}^{\mathrm{T}}) \\
&= \boldsymbol{V}\left(\frac{1}{N-1}\boldsymbol{D}^2\right)\boldsymbol{V}^{\mathrm{T}}
\end{aligned} \tag{7.2}$$

同时, 因为协方差矩阵是一个非负对称矩阵, 所以可以进行特征值分解

$$\boldsymbol{\Sigma}_X = \boldsymbol{W}\boldsymbol{\Lambda}\boldsymbol{W}^{\mathrm{T}} \tag{7.3}$$

$\boldsymbol{\Lambda} = \mathrm{diag}(\lambda_1, \lambda_2, \cdots, \lambda_p)$ 表示对角矩阵, 其中 $\lambda_1, \lambda_2, \cdots, \lambda_p$ 是由大到小排序的 $\boldsymbol{\Sigma}_X$ 的特征值, $\boldsymbol{W}$ 的列向量是对应的特征向量。通过比较式 (7.2) 和式 (7.3) 可以得到以下结论:

- $\boldsymbol{V} = \boldsymbol{W}$: $\boldsymbol{X}$ 奇异值分解的右奇异向量等于 $\boldsymbol{X}$ 协方差矩阵的特征向量, 即新的坐标 $\boldsymbol{V}$ 是原始坐标协方差矩阵的特征向量。

- $\lambda_j = \dfrac{d_j^2}{N-1}$: $\boldsymbol{X}$ 协方差矩阵的特征值与 $\boldsymbol{X}$ 的奇异值成比例。

除此之外, 还可以得到主成分的经验协方差矩阵 $\boldsymbol{Z}$:

$$\boldsymbol{\Sigma}_Z = \frac{1}{N-1}\boldsymbol{Z}^{\mathrm{T}}\boldsymbol{Z} = \frac{1}{N-1}(\boldsymbol{X}\boldsymbol{V})^{\mathrm{T}}\boldsymbol{X}\boldsymbol{V} = \boldsymbol{V}^{\mathrm{T}}\boldsymbol{\Sigma}_X\boldsymbol{V} = \frac{\boldsymbol{D}^2}{N-1} = \boldsymbol{\Lambda}$$

因此, 可以得到结论:

---

[1] 正交矩阵的一个重要性质是其转置矩阵和逆矩阵相同, 即 $\boldsymbol{A}^{\mathrm{T}} = \boldsymbol{A}^{-1}$。后面的推导多次使用这个性质。

- 主成分 $Z_1, Z_2, \cdots, Z_p$ 是正交的。
- $Z_1, Z_2, \cdots, Z_p$ 的方差是 X 协方差矩阵的特征值, 并且是递减的。

7.1.4 降维

一旦得到主成分和载荷矩阵, X 可以表示为

$$X = ZV^{-1} = ZV^{\mathrm{T}} = \sum_{j=1}^{p} Z_j v_j^{\mathrm{T}}$$

因此, 可以得到特征变量 X 的一个近似序列 $\left\{ \tilde{X}^{(k)} \right\}_{k=1,2,\cdots,p}$, 其中, $\tilde{X}^{(k)}$ 包含 X 的前 k 个主成分:

$$\tilde{X}^{(k)} = \sum_{j=1}^{k} Z_j v_j^{\mathrm{T}} \tag{7.4}$$

使用前 k 个主成分近似的残差是

$$R^{(k)} = X - \tilde{X}^{(k)} = \sum_{j=k+1}^{p} Z_j v_j^{\mathrm{T}} \tag{7.5}$$

可以进一步得到以下结论:

- $\tilde{X}^{(k)}$ 的信息量随 k 递增。
- 当 $k = p$ 时, $X = \tilde{X}^{(p)}$ 包含所有原始信息。
- 从 7.1.3 节的方差分析中可以得到, X 的方差中可以由 $\tilde{X}^{(k)}$ 解释的比例是 $\dfrac{\sum\limits_{j=1}^{k} \lambda_j}{\sum\limits_{j=1}^{p} \lambda_j}$。

在实际问题中, 一般根据需要保留原始信息 X 的比例来选择主成分的维度。

7.1.5 实际问题

是否缩放数据?

需要注意的是, 主成分分析不具有缩放不变性, 因此, 在使用 PCA 之前需要考虑是否标准化输入数据 X。以下是一些建议:

- 如果特征的单位不同且无法相互比较, 在使用主成分分析之前应该进行标准化。
- 如果特征的单位可以相互比较, 就应该使用原始输入数据, 保持原始信息。

如果数据不是高斯分布的呢?

主成分分析假设数据中的信息可以完全由协方差表示。高斯分布和球形分布族可以完全由一阶矩和二阶矩确定,因此主成分分析适用于服从高斯分布的数据。但是,如果数据实际不服从高斯分布,协方差就无法充分刻画数据中的信息。在这种情况下,可以使用独立成分分析(Independent Component Analysis, ICA),消除输入数据变量之间的高阶相关关系。

此外,主成分分析还有一些拓展,例如使用非线性降维的核主成分分析(Kernal PCA),适合稀疏数据的稀疏主成分分析(Sparse PCA)等。

7.1.6　主成分分析的实现

在代码列表 7.1 中,定义了主成分分析这个类,其中包含 Scikit-Learn 实现主成分分析的关键函数。

代码列表 7.1　实现主成分分析

```
1   import numpy as np
2   import pandas as pd
3   from sklearn.decomposition import PCA
4   class PCABase(object):
5       def __init__(self,X):
6           self.X = X
7           self.n_features = X.shape[1]
8           self.dates = X.index
9           self.Xc = self.X - self.X.mean()
10          self.pc_names = lambda n: ['PC'+str(i) for i in np.arange(1,n
                +1)]
11      def pca(self,n_pc=None):
12        if n_pc:
13          model = PCA(n_components=n_pc).fit(self.Xc)
14        else:
15          model = PCA().fit(self.Xc)
16        return model
17      def cps(self):
18        cps = self.pca().components_.T
19        return self.to_df_pc(cps,is_loading=True)
20      def cumsum_expvar_ratio(self):
21          var_exp = self.pca().explained_variance_ratio_
22          var_exp_cumsum = np.cumsum(var_exp)
```

```
23              return var_exp,var_exp_cumsum
24      def scores(self):
25              scores = self.pca().transform(self.Xc)
26              return self.to_df_pc(scores)
27      def to_df_pc(self,data,is_loading=False):
28              cols = self.pc_names(self.n_features)
29              idx = self.X.columns if is_loading else self.dates
30              return pd.DataFrame(data,columns=cols,index=idx)
```

7.2 数值实验: 期限结构分析

7.2.1 利率期限结构

现代金融市场中, 许多金融工具的到期日都是在合同中约定的, 例如债券 (bond)、期货 (future)、互换 (swap) 和期权 (option)。不同类型的投资者根据不同的需求签订这些合同。一些投资者需要对冲现有头寸, 而另一些投资者根据他们对未来市场走势的看法赚取超额收益。政府发行的债券期限从几个月到一百年不等。不同期限债券的收益率不同, 所以债券收益率具有期限结构。

保险公司和对冲基金都是债券市场的重要投资者。保险公司一方面收取保险费, 另一方面随时面临着偿付责任。因此, 保险公司通常会在债券市场进行大规模投资, 以管理其资产的错期风险 (maturity mismatch) 和负债。对冲基金的基金经理一旦发现市场价格出现错配, 也会投资这类市场。例如, 当基金经理发现 2 年期 (2Y) 债券的价格相对低估, 而10 年期 (10Y) 债券相对高估。如果他认为两者的相对价格最终会回到正常水平时, 就会买入 2Y 债券并卖出 10Y 债券。

尽管上述两种情况中投资者的动机不同, 但是他们都持有不同到期日的利率投资产品组合。他们需要对收益率期限结构有很好的理解, 才能在正确的时机以合理的价格进行投资。由于同一标的不同到期日的金融产品本质上是相互关联的, 利率期限结构引起的价格变化对于对冲风险和制定交易策略都具有重要意义。

本节用 X 表示 p 个到期日和 N 个观察值的债券投资组合的收益率曲线。对 X 建模最常用的框架是因子模型, 使用 k 个因子表示 X。

因子模型

$N \times p$ 的 $\boldsymbol{X}$ 可以由 k 维线性因子模型表达:

$$\boldsymbol{X} = \boldsymbol{\mu}_{\boldsymbol{X}} + \boldsymbol{Z}\boldsymbol{f} + e \tag{7.6}$$

$$\boldsymbol{X} = \left(\begin{array}{cccc} x_1, x_2, \cdots, x_p \end{array} \right) = \begin{pmatrix} x_{1,1} & x_{1,2} & \cdots & x_{1,p} \\ \vdots & \vdots & & \vdots \\ x_{N,1} & x_{N,2} & \cdots & x_{N,p} \end{pmatrix}$$

$\boldsymbol{\mu}_{\boldsymbol{X}} = (\mu_1, \mu_2, \cdots, \mu_p)$ 是 $\boldsymbol{X}$ 的均值向量,

$$\boldsymbol{Z} = \left(\begin{array}{cccc} z_1, z_2, \cdots, z_k \end{array} \right) = \begin{pmatrix} z_{1,1} & z_{1,2} & \cdots & z_{1,k} \\ \vdots & \vdots & & \vdots \\ z_{N,1} & z_{N,2} & \cdots & z_{N,k} \end{pmatrix} \text{ 由 } k \text{ 个因子组成,}$$

$$\boldsymbol{f} = \begin{pmatrix} f_{1,1} & f_{1,2} & \cdots & f_{1,p} \\ \vdots & & & \vdots \\ f_{k,1} & f_{k,2} & \cdots & f_{k,p} \end{pmatrix} \text{ 是因子载荷矩阵,}$$

$e = (e_1, e_2, \cdots, e_N)$是残差。

所以, 第 i 个观察值的第 j 个特征可以写成

$$x_{i,j} = \mu_j + \sum_{l=1}^{k} z_{i,l} f_{l,j} + e_{i,j}$$

这里可以认为不同到期日的利率变化可以由同一组因子解释, 只是不同到期日的利率在因子空间的投影不一样。接下来的问题变为如何确定解释因子, 以更好地解释 $\boldsymbol{X}$ 的变化。

可以将因子定义为宏观经济因素, 例如 GDP、失业率和汇率等。这些因子有一定的解释能力, 或许可以解释曲线长期(例如 5 年)的变化规律。但因为一些重要因子的观察数据较少, 并且宏观因子具有高度相关性, 会产生不稳定的结果, 所以这些因子通常不足以完全解释收益率曲线的变动。

因此, 接下来使用主成分分析寻找数据中潜在的结构和相关因子。主成分分析主要解决以下问题:

❑ 探索收益率曲线变化的驱动因子, 了解其关键结构。可以看到 2Y、10Y 和 30Y 债券的收益率是如何跟随这些因子一起变化的。

❑ 根据解释方差比（explained variance ratio），使用主成分分析法实现降维。

❑ 使用因子表示风险敞口，并进行对冲。

7.2.2　数据和观察值

在接下来的分析中，主要用到美国联邦储备系统（下简称美联储）发布的美国国债收益率的日度数据[①]，其中包含不同到期日的国债收益率。

图 7.1（a）展示了不同期限收益率的时间序列，可以看到不同期限的利率变化趋势相同，表明其中存在着共同的驱动力。图 7.1（b）展示了不同日期的收益率结构，仔细观察可以发现利率曲线的变化有以下几类：

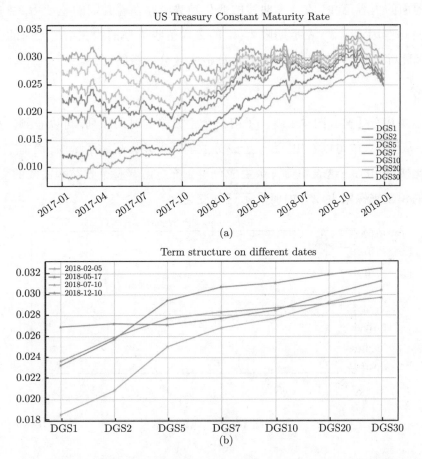

图 7.1　美国国债收益率时间序列和期限结构（DGS(n) 是到期期限为 n 年的国债收益率）

---

① 详见 https://fred.stlouisfed.org/categories/115。

- 水平（level）：从 2018-02-05 到 2018-05-17，曲线的水平发生了变化，而形状没有发生太大变化。

- 斜率（slope）：从 2018-05-17 到 2018-12-10，曲线斜率发生了变化，短期曲线上升而长期曲线下降。

- 曲率（curvature）：除了水平和斜率，曲率在不同日期之间也会发生变化。曲率反映了中长期风险溢价（长期利率减中期利率）和中短期风险溢价（中期利率减短期利率）之间的差异。

7.2.3　主成分分析与期限结构

根据前面的内容可知，收益率曲线的变化趋势中存在着共同的驱动力，主成分分析可以帮助寻找这些因素。X 表示期限为 p 的去均值收益率曲线在 N 天内的变化。根据式（7.1），可以得到 $X = ZV^{\mathrm{T}}$。接下来将分析主成分分析的结果。

主成分

Z 表示主成分矩阵。图 7.2 展示了前三个主成分的时间序列，可以看到主成分的方差是递减的。从图 7.3 中可以看出，第一主成分的解释方差比超过了 80%，而前三个主成分的解释方差比接近 100%。这表明前三个主成分可以充分解释整个收益率曲线的变化，可以从载荷矩阵的角度来探索主成分如何表示这种变化。

图 7.2　主成分得分

载荷矩阵

如图 7.4 所示，载荷矩阵 V 表示新坐标系中的 X。

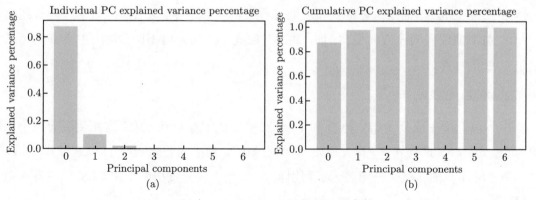

图 7.3   主成分分析的解释方差比

	PC1	PC2	PC3	PC4	PC5	PC6	PC7
DGS1	0.553153	−0.521945	0.406891	0.503280	−0.014236	0.049874	−0.007363
DGS2	0.548462	−0.229310	−0.058753	−0.784664	0.142051	−0.033247	0.078571
DGS5	0.401411	0.187341	−0.458251	0.105166	−0.664757	−0.058601	−0.370652
DGS7	0.330703	0.322376	−0.348364	0.263626	0.146838	0.041370	0.756690
DGS10	0.279229	0.373706	−0.101193	0.142498	0.626985	0.304434	−0.515790
DGS20	0.180465	0.429733	0.390784	0.010568	0.062438	−0.789335	−0.054686
DGS30	0.110360	0.460045	0.580245	−0.173307	−0.345178	0.524912	0.121570

图 7.4   主成分分析的载荷矩阵

☐ 第一主成分：载荷均为正值, 因此第一主成分导致期限结构向同一方向变化。此外, 短期曲线的载荷更大, 表明其变化幅度大于长期曲线。这个特性恰好描述了曲线的水平。从图 7.3 中可以看出, 曲线的大部分方差都来自这个因子。

☐ 第二主成分：短期曲线的载荷为负值, 在 2Y 到 5Y 之间由负转正, 之后逐步上升。这表明短期曲线和长期曲线的变化方向不同。曲线上的轴心点是 5Y。这一主成分刻画了曲线的斜率。

- 第三主成分：曲线从短端到长端的过程中两次穿过零。这表明较短期和较长期的收益率曲线向同一方向变化，而"腹部"曲线的变化方向不同。这一主成分刻画了曲线的曲率。

X 的主成分表示

由于前三个主成分 PC1、PC2 和 PC3 几乎可以解释全部方差，因此使用前三个主成分，通过式（7.3）重构 $\tilde{X}^{(3)}$，作为原始 X 的近似值。相应的残差 $R^{(3)}$ 可以通过式（7.4）计算。图 7.5(a) 和图 7.6(a) 分别展示了利用前 1~3 个主成分重构的 10Y 和 30Y 债券收益率曲线，图 7.5(b) 和图 7.6(b) 是相应的残差。

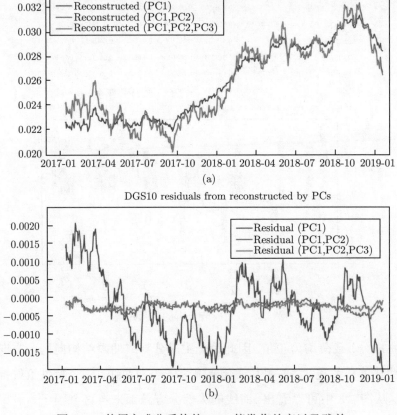

图 7.5　使用主成分重构的 10Y 债券收益率以及残差

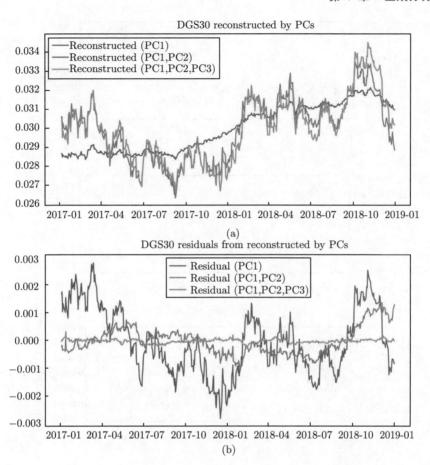

图 7.6　使用主成分重构的 30Y 债券收益率以及残差

这里可以看到：

☐ 10Y：第一主成分的解释能力最强, 加入第二主成分之后解释能力略有提高, 加入第三主成分之后解释能力没有明显差异。因此, 前两个主成分可以充分解释曲线所有的变化。

☐ 30Y：与 10Y 相比, 第二主成分在解释 30Y 的变化中更加重要, 第三主成分的解释能力也得到加强。

图 7.4 中的载荷矩阵展示了各个主成分的解释。为了进一步验证, 选择 10Y、10Y − 2Y 和 5Y − 2 × 10Y + 30Y 分别表示曲线水平、斜率和曲率的变化。从图 7.7 中的比较可以看出, 两者确实有比较相似的模式。

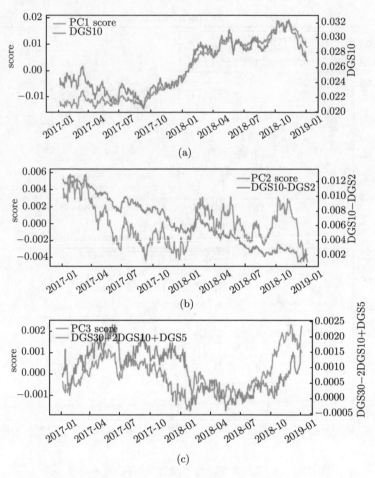

图 7.7　主成分得分代表了什么

7.2.4　主成分分析与对冲

在讨论主成分的解释意义之后,接下来主要介绍主成分分析在对冲中的应用。

风险在投资中无处不在。为什么对冲风险非常重要?不妨考虑以下两个例子:

- ❑ 如果你持有一个由不同期限的债券组成的投资组合,你希望对冲掉收益率曲线变化带来的所有风险。

- ❑ 如果下周有一个重要的经济事件,你认为这会导致收益率曲线的斜率发生变化,但并不确定变化有多大。在这种情况下,如果你认为收益率曲线的斜率会变得比当前更平,那么你会买入 10 年期国债,同时卖出 2 年期国债。同时,你还需要对冲掉收益率曲线水平变化带来的风险。

一般而言, 无论是被动投资者还是主动投资者, 在做对冲决策时通常都需要考虑以下几点:

- ❑ 目前的头寸风险由什么组成? 是否可以量化? 如果收益率曲线发生变化, 债券投资组合的价值也会随之变化。正如之前介绍的, 收益率曲线风险可以分解为水平、斜率和曲率。

- ❑ 你愿意承担什么类型的风险? 风险容忍度是多少? 对冲的频率是多少? 这取决于投资指令或交易策略。当宏观环境迅速变化时, 你可能需要更高频的对冲。

- ❑ 你选择什么对冲工具? 一旦确定了投资组合的风险配置目标, 我们需要选择合适的对冲工具。因为不同的工具有不同的风险敞口, 具有流动性的产品通常是一个不错的选择。

主成分分析从水平、斜率和曲率三个方面描述了整个曲线的变化, 可以有效地对冲投资组合。

风险表示

这里考虑一个由 p 个不同期限 $T_1, T_2, \cdots, T_p$ 的付息债券组成的收益率期限结构 (term structure)。其中, r_t^m 表示期限 T_m 在时刻 t 的收益率, 而 P_t^m 表示相应的债券价格, 因此, 整个期限结构为 $r_t = (r_t^1, r_t^2, \cdots, r_t^p)$。由收益率曲线变化引起的一阶投资组合风险称为 Delta 风险。

因为附息债券的现金流结构, 期限 $k \leqslant m$ 的利率变动对债券 m 都有影响, 所以债券 m 对期限 k 的 Delta 风险为 $\delta_t^{m,k} := \dfrac{\partial P_t^m}{\partial r_{t,k}}$。价格变化可以进一步写成

$$\mathrm{d}P_t^m = \sum_{k=1}^{m} \frac{\partial P_t^m}{\partial r_{t,k}} \mathrm{d}r_{t,k} = \sum_{k=1}^{m} \delta_t^{m,k} \mathrm{d}r_{t,k} \tag{7.7}$$

接下来, 转换思路, 看一看如何使用主成分的敏感性表示价格变化。收益率的日度变化 $\mathrm{d}r$ 可以由主成分表示如下:

$$\mathrm{d}r = (\boldsymbol{UD})\boldsymbol{V}^{\mathrm{T}} = \boldsymbol{ZV}^{\mathrm{T}} \tag{7.8}$$

其中, $\boldsymbol{Z}$ 是 $N \times p$ 的主成分矩阵; $\boldsymbol{V}$ 是 $p \times p$ 的因子载荷矩阵。

由于 $\dfrac{\partial P_t^m}{\partial Z_{t,j}}$ 是债券 m 的价格对第 j 个主成分风险敞口, 代表了债券 m 的价格对第 j

个主成分的敏感性, 因此可以得到

$$\mathrm{d}P_t^m = \sum_{j=1}^{p} \frac{\partial P_t^m}{\partial Z_{t,j}} \mathrm{d}Z_{t,j} \tag{7.9}$$

由式 (7.8) 可以得到

$$\frac{\partial P_t^m}{\partial Z_{t,j}} = \sum_{k=1}^{m} \frac{\partial P_t^m}{\partial r_{t,k}} \frac{\partial r_{t,k}}{\partial Z_{t,j}} = \sum_{k=1}^{m} \delta_t^{m,k} v_{k,j} \tag{7.10}$$

因此, 由式 (7.9) 和式 (7.10) 可以得到

$$\mathrm{d}P_t^m = \sum_{j=1}^{p} \left(\sum_{k=1}^{m} \delta_t^{m,k} v_{m,j} \right) \mathrm{d}Z_{t,j} \tag{7.11}$$

之前介绍过, 一般前三个主成分足以解释大部分收益率曲线的波动, 因此式 (7.10) 可以进一步简化:

$$\mathrm{d}P_t^m \approx \sum_{j=1}^{3} \left(\sum_{k=1}^{m} \delta_t^{m,k} v_{m,j} \right) \mathrm{d}Z_{t,j} \tag{7.12}$$

式 (7.7) 和式 (7.11) 提供了使用收益率和主成分表示风险的两种方法。使用主成分表达风险使我们可以根据期限投资策略进行相关因子对冲。

水平风险对冲

如果投资人需要对冲水平风险, 假设选择债券 T_k 对冲第一主成分的风险敞口, 可以通过以下公式计算对冲数量 $w_{t,1}^k$:

$$\sum_{m=1}^{p} \frac{\partial P_t^m}{\partial Z_{t,1}} = w_{t,1}^k \frac{\partial P_t^k}{\partial Z_{t,1}}$$

水平和斜率风险对冲

如果投资人需要对冲前两个主成分代表的水平和斜率风险, 这时可以使用两个对冲工具。假设选择期限为 k_1 和 k_2 的债券进行对冲, 可以通过解下列方程组计算对冲数量 $(w_{t,2}^{k_1}, w_{t,2}^{k_2})$:

$$\sum_{m=1}^{p} \frac{\partial P_t^m}{\partial Z_{t,1}} = w_{t,2}^{k_1} \frac{\partial P_t^{k_1}}{\partial Z_{t,1}} + w_{t,2}^{k_2} \frac{\partial P_t^{k_2}}{\partial Z_{t,1}}$$

$$\sum_{m=1}^{p} \frac{\partial P_t^m}{\partial Z_{t,2}} = w_{t,2}^{k_1} \frac{\partial P_t^{k_1}}{\partial Z_{t,2}} + w_{t,2}^{k_2} \frac{\partial P_t^{k_2}}{\partial Z_{t,2}}$$

相似的方法可以推广到高阶主成分的对冲。

以上的分析可以看作相对价值分析的准备。通过分析式（7.5）残差序列的特征，我们可以从曲线的变化中寻找投资机会，建立交易策略。例如，减去前两个主成分的残差序列通常是一个均值回归过程。如果当前的市场环境没有太大变化，而残差偏离均值，则可以利用曲率来建立交易策略。

7.2.5 主成分分析与聚类分析

使用主成分分析时，一个重要的问题是要为主成分分析获得多少数据。以 7.2.3 节中的期限结构为例，如果数据集内含有不同的体制（regime），那么主成分分析的假设不成立，结果也可能不准确。可以检测体制转换（regime switch）的方法有多种，下面使用 K 均值法进行演示。

使用前两个主成分作为输入特征，对 2017-01-03 到 2018-12-31 之间的所有观察值进行聚类（指定簇数为 2）。从图 7.8 中的聚类结果可以看到，时间序列被分成两个簇，一个簇是 2017 年的样本，另一个簇是 2018 年的样本。图 7.8（a）是前两个主成分的聚类结果散点图；图 7.8（b）是 6 个月一期的主成分聚类结果散点图。根据之前的分析，前两个主成分分别描述了曲线的水平和斜率。聚类结果表明，如果考虑水平和斜率的变化，收益率曲线在两年之间存在两种不同的体制。因此，使用 1 年作为窗口进行主成分分析可能会比使用 2 年作为窗口进行主成分分析提供更加准确的结果。

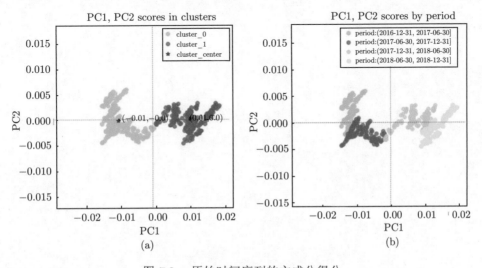

图 7.8 原始时间序列的主成分得分

从这个例子中还可以看到, 使用主成分分析得到的特征进行聚类可以更好地解释聚类结果。

7.3 练习

1. 主成分分析的假设是什么?
2. 什么是奇异值分解?
3. 主成分分析的载荷矩阵是什么?

第 8 章
强化学习

原理简介

强化学习（Reinforcement learning, RL）在机器学习领域有着广泛的应用, 是机器学习领域研究的热点之一。AlphaGo 的成功昭示了强化学习的巨大潜力。

强化学习研究的是**代理**（agent）如何在**环境**中采取**行动**, 从而获得最大的**奖赏**。强化学习模仿人类学习和决策的方式, 基于已有的经验与所在的环境产生互动。强化学习使用奖赏和惩罚作为积极行为和消极行为的信号, 最终目标是找到最优行为。无论是计划一次旅行, 还是开始一段对话, 我们都清楚地知道环境对自身行为的回应, 并且试图通过自身行为来影响发生的事情。比起之前讨论的其他方法, 强化学习更侧重于从交互中进行以目标为导向的学习。表 8.1 列出了强化学习中的重要概念。

表 8.1　强化学习中的重要概念

术　语	解　释
环境 (environment)	代理所处的物理世界
状态 (state)	代理当前的位置
行动 (action)	代理的行为
奖赏 (reward)	代理与环境所交互得到的反馈
策略 (policy)	描述给定状态下代理行为的函数
价值 (value)	代理采取行动得到的未来奖赏

接下来以资产交易为例解释强化学习中的相关概念。在这个例子中, 投资者的目标是最大化交易策略的最终收益。所有股票的价格波动过程组成的股票市场是投资者的一个交互环境, 投资者的收益是使用交易策略获得的奖赏。状态是可行的交易策略（如自筹资金）,

累积奖赏是最终的收益。在强化学习中,代理通过与市场(环境)进行交互,从不同交易策略的表现中学习最佳行动。图 8.1 展示了资产交易中的强化学习。

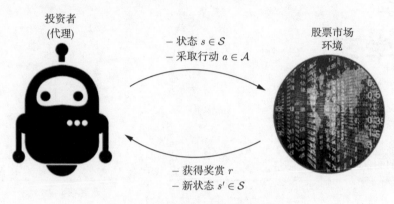

图 8.1 强化学习在交易中的应用

强化学习在数学上可以表示为一个随机最优控制问题(stochastic optimal control problem)。动态规划(Dynamical Programming, DP)是随机最优控制问题的一种经典方法。动态规则将随机最优控制问题分解为多个子问题,通过求解子问题,并将子问题的解结合起来求解整体问题。在动态规划中,环境通常可以表示为一个特定形式的马尔可夫决策过程(Markov Decision Process, MDP)。经典动态规划方法与强化学习算法的主要区别在于,马尔可夫决策过程的数学模型是一个参数模型,而强化学习更加通用,是一个无参数模型。也正因为如此,对强化学习而言,解析解或许并不存在,而传统求解方法的计算成本过大,只能用数值方法近似求解随机最优控制问题。

动态规划的效率受到维数的限制,计算成本随着状态数量的增加呈指数增长。但动态规划仍然是更加有效、适用范围更广的方法。与动态规划相比,强化学习也使用马尔可夫决策过程表示环境。不同的是,强化学习允许无模型环境,利用动态规划技术迭代更新策略,最终构建最优策略。而经典动态规划则直接寻找最优策略的解析解。为了构建最优策略,代理面临两难:根据已有经验选择最佳策略,但这个决策有可能受限于已有经验;尝试新的状态,但有可能不是最优选择。因此代理需要在尽可能探索新状态(Exploration)的同时,根据已有经验学习最优策略(Exploitation)。在探索新状态的同时,实现奖赏最大化,这被称为"探索 - 利用权衡"(Exploration vs Exploitation trade-off)[1]。

---

[1] 有兴趣的读者请参阅 [Sutton and Barto,2018]。

根据算法是否需要估计价值函数, 可以将强化学习分为以下两种类型:

- 直接强化学习（学习行动, 基于角色）：直接从参数化的策略族中定义一系列连续行为。基于角色（actor-based）的学习优化要简单得多, 只要求一个带有潜在变量的可微目标函数 [Deng et al, 2017]。通常不需要估计价值函数, 就可以得到最优行为。
- 间接强化学习（学习价值函数, 基于策略）：通常这类方法依赖于对价值函数的估计, 是一种基于策略评估（critic-based）的方法。优化过程使用复杂的动态规划方法推导出每种状态下的最优行为, 例如 Q 学习和时间差分学习（Temporal Difference Learning）。

本章将重点讨论如何应用强化学习解决最优交易问题。最优交易问题可以表示为一阶段问题或两阶段问题。一阶段问题通常为随机最优控制问题。两阶段问题由两部分组成, 预测未来价格走势和基于预测结果构建最优交易策略。这里主要关注一阶段问题。根据 [Moody and Saffell, 2001] 和 [Deng et al. 2017] 的研究, 选择使用直接强化学习（基于角色的方法）, 因为其具有以下两个优点:

- 灵活的优化目标（可以选择不同的目标函数, 例如最终收益或夏普比率）。
- 对市场状况的连续描述（而不是间接强化学习中的离散状态）。

因此, 直接强化学习比 Q 学习或其他间接方法更加适用于交易问题 [Moody and Saffell, 2001]。在本章中, 将使用直接强化学习的一种 —— 循环强化学习来解决组合优化问题。这种方法避免了动态规划中的维数问题, 使问题的表示方法更简单, 因此具有更高的效率。大量实际金融数据的模拟工作表明, 循环强化学习方法可以产生比 Q 学习更好的交易策略。

8.2 循环强化学习

循环强化学习（Recurrent Reinforcement Learning, RRL）是一种具有适应性的直接强化学习方法 [Moody and Saffell,2001], 适用于投资组合优化。为简单起见, 这里只考虑单一的风险资产, 不考虑投资组合。

单一资产交易系统的结构和符号表示如下:

- z_t 表示时刻 t 的资产价格。

- r_t 表示时刻 t 的回报, 即 $r_t = z_t - z_{t-1}$[1]。
- r_t^f 表示时刻 t 的无风险回报。
- F_t 表示时刻 t 的交易头寸,

$$F_t = F(\theta_t; F_{t-1}, I_t)$$

$$I_t = \{z_t, z_{t-1}, \cdots; y_t, y_{t-1}, \cdots\}$$

其中, y_t 表示任意外部变量; θ_t 是模型参数。

- R_t 表示时刻 t 的交易回报,

$$R_t \equiv u\{r_t^f + F_{t-1}(r_t - r_t^f) - \delta|F_t - F_{t-1}|\}$$

其中, $u > 0$ 表示交易头寸大小。

图 8.2 展示了循环强化学习算法的结构。算法的目标是学习模型中的最优参数, 从而最大化交易策略的夏普比率。S_T 表示夏普比率[2], 其定义为

$$S_T = \frac{\text{Average}(R_t)}{\text{Standard Deviation}(R_t)}$$

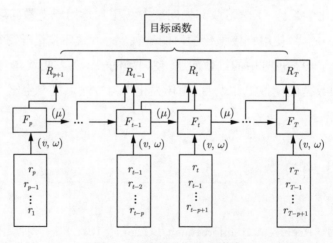

图 8.2　循环强化学习算法

---

[1] 这里的回报代表累加的利润, 常用于交易固定份额或合约的有价证券, 例如期货、外汇合约等。r_t 也可以用其他形式定义, 如 $r_t = z_t/z_{t-1} - 1$, 这样 R_t 的计算公式也需要做相应的修改。

[2] 这里的夏普比率不考虑无风险利率。

这里考虑两种可能的交易状态：做多（long）或做空（short），即 $F_t \in \{1, -1\}$。假设当前的交易策略 F_t 依赖于之前的交易策略 F_{t-1} 和时刻 t 的回报的 p 阶滞后项，对于 F_t 采用以下简单模型，即

$$F_t = \text{sign}\left(\mu F_{t-1} + \sum_{i=0}^{p-1} \nu_i r_{t-i} + \omega\right)$$

其中，$F_t \in \{1, -1\}$，$\theta := (\mu, \nu_0, \cdots, \nu_m, \omega)$ 是模型参数。

设 x_t 为回报的 p 阶滞后项，即 $x_t = (r_{t-p+1}, \cdots, r_t)^T$。则 $(F_t)_{t=p}^{T-1}$ 可以看作循环神经网络的隐藏层，$(x_t)_{t=p}^{T-1}$ 可以看作输入层。需要注意的是，因为 sign 函数不连续且在 0 处不可导，所以在训练模型时，使用连续的 tanh 激活函数替代，而在预测时才使用 sign 激活函数。

接下来需要使用数值优化方法估计模型中的最优参数。这里选择梯度下降法，即

$$\Delta\theta = \rho\frac{\mathrm{d}S_T(\theta)}{\mathrm{d}\theta}$$

应用链式法则，可得

$$\frac{\mathrm{d}S_T(\theta)}{\mathrm{d}\theta} = \sum_{i=1}^{T} \frac{\mathrm{d}S_T}{\mathrm{d}R_i}\frac{\mathrm{d}R_i}{\mathrm{d}\theta} = \sum_{i=1}^{T} \frac{\mathrm{d}S_T}{\mathrm{d}R_i}\left\{\frac{\mathrm{d}R_i}{\mathrm{d}F_i}\frac{\mathrm{d}F_i}{\mathrm{d}\theta} + \frac{\mathrm{d}R_i}{\mathrm{d}F_{i-1}}\frac{\mathrm{d}F_{i-1}}{\mathrm{d}\theta}\right\}$$

从上式中可以看到，由于 F_t 具有循环结构，$\frac{\mathrm{d}S_T(\theta)}{\mathrm{d}\theta}$ 依赖于整个 $(R)_{i=1}^{T}$ 序列。这让我们联想到使用 5.4.5 节中介绍的 TBPTT 算法，可以高效地计算梯度 $\frac{\mathrm{d}S_T(\theta)}{\mathrm{d}\theta}$。

8.3　从 RNN 到 RRL

第 5 章中已经展示了如何使用 Keras 简单高效地实现神经网络模型。而循环强化学习算法也可以表示为以循环神经单元为基础的监督学习问题。

下面介绍如何设计这样一个神经网络结构，其中，输入层和输出层分别是 $(I_t)_{t=p+1}^{T}$ 和 $(R_t)_{t=p}^{T-1}$。

输入层：$(I_t)_{t=p+1}^{T}$，$I_t = \begin{pmatrix} x_t \\ r_{t+1} \end{pmatrix}$。

隐藏层：$(Y_t)_{t=p}^{T}$，$Y_t = \begin{pmatrix} F_t \\ r_{t+1} \end{pmatrix}$。

由以下三个步骤构建:

(1) 将输入层分成两部分: $(X_t)_{t=p}^{T-1}$ 和 $(r_{t+1})_{t=p}^{T-1}$。

(2) 设置循环神经网络: $(X_t)_{t=p}^{T} \rightarrow (F_t)_{t=p}^{T}$。

(3) 合并 $(F_t)_{t=p}^{T}$、$(r_{t+1})_{t=p}^{T-1}$ 得到 $(Y_t)_{t=p}^{T}$。①

输出层: $(R_{t+1})_{t=p}^{T-1}$, 可以由 $(Y_t)_{t=p}^{T-1}$ 计算得到,

$$R_t \equiv u\{r_t^f + F_{t-1}(r_t - r_t^f) - \delta|F_t - F_{t-1}|\}$$

对于给定的 r_t^f、μ 和 δ, $Y_t = (F_t, r_{t+1})_{t=p}^{T}$。

图 8.3 给出了以上神经网络的构建过程。其中, 深绿色模块是输入层, 粉色模块是由 $(F_t, r_{t+1})_{t=p}^{T}$ 组成的隐藏层, 蓝色模块是代表交易回报序列的输出层。

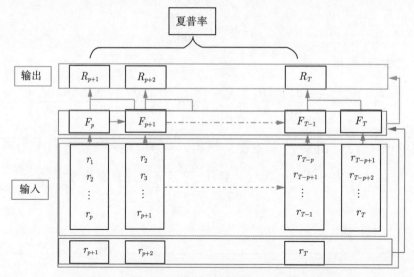

图 8.3　将循环强化学习算法重构为神经网络

接下来介绍如何在 Python 中实现这样一个神经网络。在代码列表 8.1 中, 定义了 split() 函数和神经网络的输出层。

因为算法的目标是最大化夏普比率, 所以将损失函数定义为输出层的负夏普比率。这里无法使用标准的加性形式损失函数（如 MSE）, 而需要编写自定义损失函数。在代码列表 8.2 中实现了自定义的损失函数。

---

① 这里设 $r_{T+1} = 0$, 使得可以在一维度合并 $(F_t)_{t=p}^{T}$ 和 $(r_{t+1})_{t=p}^{T-1}$。

代码列表 8.1　定义神经网络的输出层

```
1   import tensorflow as tf
2   from tensorflow import keras
3   from tensorflow.keras.models import Model, Sequential
4   from tensorflow.keras.layers import SimpleRNN, Dot, Dense, Activation
        , Input, Lambda, Add, Flatten, Multiply, Concatenate, Subtract,
        Layer
5   from tensorflow.keras import optimizers
6   import tensorflow.keras.backend as K
7   tf.random.set_seed(1)   # Set the random seed
8
9   def split_func(x, p, flag):
10    ''' 定义split函数 '''
11    split1, split2 = tf.split(x, [p, 1], -1)
12    return split1 if flag == 1 else split2
13
14  def trading_return(x, delta, T):
15    ''' 定义输出层'''
16    F_t_Layer, r_tplus1_Layer = tf.split(x, [1, 1], -1)
17    F_tminus1_layer1, f1 = tf.split(F_t_Layer, [T, 1], -2)
18    f1, F_t_layer1 = tf.split(F_t_Layer, [1, T], -2)
19    transaction_part = delta*tf.abs(tf.subtract(F_t_layer1, F_tminus1_
        layer1))
20    return_profit_layer  =  Multiply()([F_t_Layer, r_tplus1_Layer])
21    f2, output_layer = tf.split(return_profit_layer, [1, T], -2)
22    output_layer = output_layer-transaction_part
23    return output_laye
```

代码列表 8.2　定义损失函数为输出层的负夏普比率

```
1   def sharpe_ratio_loss(yTrue, yPred):
2     '''定义损失函数为负夏普比率'''
3     B = K.mean(K.square(yPred))
4     A = K.mean(yPred)
5     return -A/((B-A**2)**0.5)
```

　　需要注意的是, 这里定义的损失函数只是输出层的函数, 没有对应的真实输出 yTrue。之所以将 yTrue 也作为函数的参数, 是为了调用 Keras 的内置函数 fit() 拟合模型, fit() 函数要求有 y_true 和 y_pred 两个参数[①]。代码列表 8.3 给出了为循环强化学习算法构建神经网络的完整过程。

代码列表 8.3　为循环强化学习算法构建神经网络

```
1   def RRL_Model(input_dim, delta):
2       """ 构建以交易回报序列为输出层、负夏普比率为损失函数的神经网络"""
3       model = Sequential()
4       # 初始化大小为input_dim的输入张量
5       lagged_value = input_dim[-1]-1
6       T = input_dim[0]-1
7       input_layer = Input(shape= input_dim)
8       # 步骤一:将输入层分成X_t_layer和r_tplus1_layer两部分
9       X_t_layer = Lambda(split_func, arguments={'p':lagged_value,
            'flag':1})(input_layer)
10      r_tplus1_Layer = Lambda (split_func, arguments = {'p':
            lagged_value, 'flag':2})(input_layer)
11      # 步骤二:使用循环神经网络将X_t_layer映射到F_t_layer
12      X_t_shape = X_t_layer.shape#[-2:]
13      F_t_Layer = SimpleRNN(1, input_shape= X_t_shape,activation =
            'tanh', return_sequences = True, use_bias=True)(X_t_layer) #
14      # 步骤三:合并F_t_layer和r_tplus1_layer
15      hidden_layer = Concatenate()([F_t_Layer, r_tplus1_Layer])
16      #计算代表交易回报序列的输出层
17      output_layer = Lambda(trading_return, arguments={'delta':delta, 'T'
            :T})(hidden_layer)
18      #设置模型的输入层和输出层
19      model = Model(inputs=input_layer, outputs=output_layer)
20      sgd = optimizers.SGD(lr=0.01, decay=1e-6, momentum=0.9,
            nesterov=True)
21      # 设置自定义的SharpeRatioLoss()损失函数
22      model.compile(loss=sharpe_ratio_loss, optimizer=sgd)
23      return model
```

给定 θ 和 $F_0 = 0$, 在每一个时刻 t, 可以评估交易策略 F_t:

$$F_t = \text{sign}\left(\mu F_{t-1} + \sum_{i=0}^{p-1} \nu_i r_{t-i} + \omega\right)$$

[①] 详见https://keras.io/losses/。

其中, $F_t \in \{1, -1\}$, $\theta \equiv (\mu, \nu_0, \cdots, \nu_{p-1}, \omega)$ 是模型参数.

这里无法使用 Keras 的内置函数 predict() 预测下一时刻的交易策略, 因为在训练模型和预测时使用的激活函数是不一样的。因此, 在代码列表 8.4 中给出了强化学习自定义的预测函数。

代码列表 8.4 预测下一时刻交易策略

```
1  from numpy import divide, power
2  def calc_next_window(weights, X_t, F_t):
3  """ 计算下一时刻交易策略F_(t+1) """
4    weight0 = weights[0].reshape(np.shape(X_t))
5    F_tplus1 = np.sign(np.dot(weight0, X_t) + weights[1][0]*F_t +
        weights[2])
6    return F_tplus1
7  def do_prediction(X, model, delta):
8  """ 计算交易策略序列F、交易回报序列R和夏普比率序列D """
9    weights = model.get_weights()
10   F = np.zeros(np.shape(X)[1], dtype = float)
11   R = np.zeros(np.shape(X)[1], dtype = float)
12   l = np.shape(F)[0]
13   for i in range(l):
14     if i == 0:
15       F[i] = calc_next_window(weights, X[0, i, :-1], 0)
16     else:
17       F[i] = calc_next_window(weights, X[0, i, :-1], F[i-1])
18       R[i] = F[i-1]*X[0, i-1, -1]-delta*(np.abs(F[i] - F[i-1]))
19   A = np.zeros(np.shape(F))
20   B = np.zeros(np.shape(F))
21   D = np.zeros(np.shape(F))
22   var_R = np.zeros(np.shape(F))
23   A[1:] = divide(np.cumsum(R)[1:], np.arange(l)[1:])
24   B[1:] = np.divide(np.cumsum(np.power(R, 2))[1:], np.arange(l)[1:])
25   var_R[2:] = B[2:]- power(A, 2)[2:]
26   D[2:] =  A[2:]/ np.sqrt(var_R[2:])
27   return F, R, D
```

8.4 数值实验: 算法交易

本节将使用合成数据进行数值实验 [Moody and Wu, 1997]。首先根据以下公式生成随机游走的自回归对数价格序列, 即

$$p(t) = p(t-1) + \beta(t-1) + k\varepsilon(t)$$

$$\beta(t) = \alpha\beta(t-1) + \epsilon(t)$$

其中, α 和 k 是常数; $(\varepsilon(t), \epsilon(t))$ 是一个正态分布的 2 维变量。人工价格 $z(t)$ 的定义为

$$z(t) = \exp\left(\frac{p(t)}{R}\right) \tag{8.1}$$

在 10 000 个模拟样本中, $R := \max_t(p(t)) - \min_t(p(t))$, 表示 $p(t)$ 的变动幅度。在这个例子中, 将参数设置为 $\alpha = 0.9, k = 3$, 并在代码列表 8.5 中模拟上述价格过程。图 8.4 展示了模拟过程中的一个样本。

代码列表 8.5 模拟人工价格过程 [Moody and Wu, 1997]

```
1  import numpy as np
2  def simulate_data(T):
3      ''' 生成长度为T的人工价格数据 '''
4      # 将p和b初始化长度为T的零数组
5      p = np.zeros((T), float)
6      b = np.zeros((T), float)
7      # 根据式(8.1)循环生成p和b
8      for i in range(T-1):
9          p[i+1] = p[i] + b[i] + 3 * np.random.randn()
10         b[i+1] = 0.9 * b[i] + np.random.randn()
11     R = np.max(p) - np.min(p)
12     # 根据式(8.1)计算z
13     z = np.exp(p/R)
14     return z
15
16 # 生成10000个模拟样本
17 z = simulate_data(T=10000)
```

在代码列表 8.6 中对生成的价格数据进行预处理, 计算 p 阶滞后项回报序列 (特征集) 和下一时刻的回报。在代码列表 8.7 中使用价格数据训练代码列表 8.3 中定义的循环强化

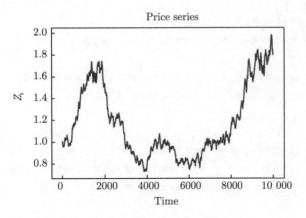

图 8.4　模拟价格过程的一个样本轨迹

学习模型, 并使用代码列表 8.3 中定义的函数在测试集上评估训练得到的模型 (见代码列表 8.8)。图 8.5 和图 8.6 给出了数值实验的结果。图 8.6(a) 和图 8.6(b) 表示每日交易回报的直方图; 图 8.6(c) 和 8.6(d) 表示每周交易回报的直方图; 图 8.6(e) 和图 8.6(f) 表示夏普率比率的直方图。图 8.6(a) 和图 8.6(c) 表示时刻 $t = 1{:}5000$ 的数据; 图 8.6(b) 和图 8.6(d) 表示时刻 $t = 5000{:}10\,000$ 的数据。图 8.6(e) 显示了实时循环学习在前 2000 个时刻内的短暂效果。从图 8.5 所示的数据来看, 和买入持有策略相比, RRL 交易策略可以获得更多的利润。从图 8.6 所示的交易回报和夏普比率来看, RRL 算法的后半段 ($t = 5000{:}10\,000$) 表现比前半段 ($t = 1{:}5000$) 要更好。

代码列表 8.6　预处理价格数据

```
1  from sklearn import preprocessing
2  def construct_multi_feature_time_series(market_info, id_t_start, id_t
     _end, n_lagged_time_steps ):
3      """ 计算滞后项回报序列(特征集)和下一时刻回报 """
4      # price表示从id_t_start到id_t_end的价格序列
5      price = market_info[id_t_start:id_t_end]
6      #计算回报序列
7      returnIndex = np.diff(price)
8      # 计算n_lagged_time_steps阶滞后项回报序列(特征集)和下一时刻回报
9      X_ts = np.zeros((len(price) - n_lagged_time_steps-1, n_lagged_
         time_steps))
10     for i in range(X_ts.shape[0]):
11         X_ts[i,:] = returnIndex[np.arange(i, i + n_lagged_time_
```

```
                           steps,1)]
12        r_ts = returnIndex[n_lagged_time_steps:]
13        return X_ts, r_ts
14  X_ts, r_ts = construct_multi_feature_time_series(z, id_t_start=0, id_
           t_end=10000, n_lagged_time_steps=8)
15  #标准化输入数据
16  window_train = 2000
17  X_ts_train, r_ts_train = construct_multi_feature_time_series (z, id_t
           _start=0,  id_t_end = window_train, n_lagged_time_steps= 8)
18  from sklearn import preprocessing
19
20  scaler = preprocessing.StandardScaler().fit(X_ts_train)
21  X_ts_train = scaler.transform(X_ts_train)
22  X_ts = scaler.transform(X_ts)
```

代码列表 8.7 在价格数据集上训练循环强化学习模型

```
1  def reshape_input(X_ts, r_ts):
2      '''
3      输入:  X_ts-滞后项回报序列，形状为[T, p];
4              r_ts-下一时刻回报，形状为[T, 1].
5      输出: 形状为[1, nTimeSteps, nFeatures]的[X_ts, r_ts]，其中nTimeSteps=T,
           nFeatures=p+1。
6      '''
7      X = np.concatenate([X_ts, r_ts], axis=1)
8      X = np.reshape(X, (1,)+np.shape(X))
9      return X
10  # 划分训练集和测试集，形状与RRL模型相匹配。
11  trainX = reshape_input(X_ts_train, r_ts_train)
12  X = reshape_input(X_ts, r_ts)
13  #设置交易费
14  delta = 0.002
15  # 构建RRL模型
16  model = RRL_Model(np.shape(trainX)[1:], delta)
17  print(model.summary())
18  model.fit(trainX[:window_train], trainX[:window_train], epochs=800,
           callbacks=callbacks, verbose=2)
```

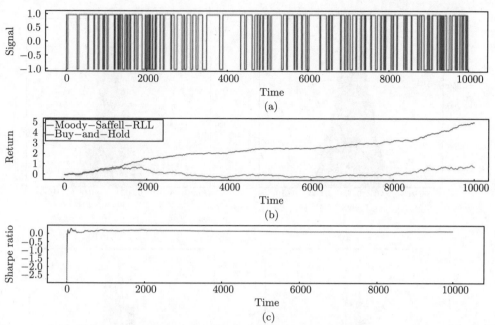

图 8.5　交易策略（a）、交易回报（b）和移动平均夏普比率（$\eta = 0.01$, c）（在前 2000 个时刻,
算法处于学习阶段, 表现相对较差, 但之后有所改进）

　　如果进一步考虑交易成本 δ 的影响, 可以发现, 当 δ 较大时, 上述循环强化学习算法是不稳定的。一种可能的解决方法是在损失函数的定义中加入对于交易费用的惩罚项。另一个有趣的问题是: 如果使用其他形式的损失函数, 例如夏普比率的微分, 能否进一步提高算法的效率? 相关定义在练习部分中给出。

　　[Moody and Saffell,2001] 将循环强化学习应用于标普 500 指数和美国国债, 并考虑了交易费用。结果显示在 1970 年到 1994 年期间的美国市场上, 使用循环强化学习的交易策略表现优于使用 Q 学习的 Q-Trader 投票策略和买入并持有策略（buy-and-hold strategy）。[Deng et al,2017] 结合循环强化学习, 引入了一种表示实时金融信号的深度循环神经网络。深度神经网络在自动提取动态市场环境特征方面发挥了重要作用。实证结果显示, 与 [Moody and Saffell,2001] 中的循环强化学习相比, 深度强化学习（Deep Reinforcement Learning, DRL）在每日的标普 500 指数上获得了更高的回报。也可以从另一个角度考虑, 进一步提高算法的准确性, 例如可以通过选择影响价格的因子, 从而提升模型的效果。换句话说, 这是一个关于特征工程的问题, 即对于经验数据, 精心选取的外部变量是否可以提高深度强化学习的准确度。

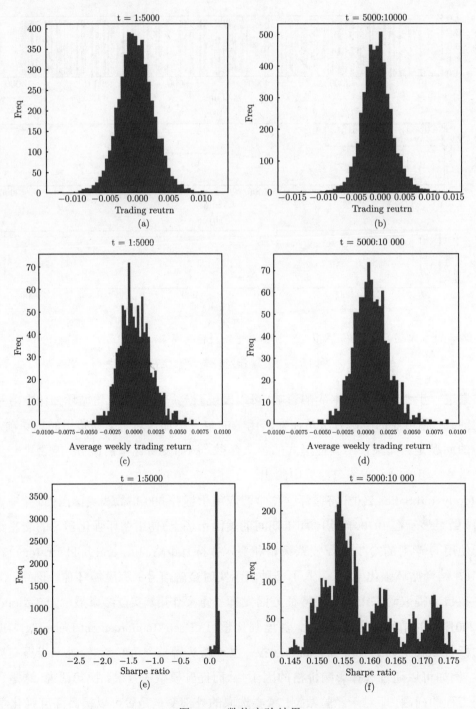

图 8.6 数值实验结果

8.5 练习

1. 参考本章循环强化学习部分 [Moody and Saffell, 2001]。基于合成数据, 生成 10 000 个价格轨迹样本, 总时间步长为 1000。实现考虑交易成本 δ 的循环强化学习算法, 并画出测试集的 P&L 箱线图。

2. 下载 1970 年到 1994 年期间标普 500 指数的日度数据。并将深度强化学习应用于该数据。如何将数值结果与其他传统交易策略进行比较?

3. 使用其他强化学习方法（如 Q 学习）, 寻找最优交易策略。

4. [Moody and Saffell, 2001] 使用指数平滑夏普比率 S_η（见定义 8.1）和夏普比率的微分 D_η（见定义 8.2）加速循环强化学习的训练。使用 Keras 实现自定义损失函数 S_η 和 D_η。将上述损失函数应用于合成数据中, 并研究相应循环强化学习算法的表现。

定义 8.1（指数平滑夏普比率） 指数平滑夏普比率 $S_\eta(t)$ 定义如下:

$$S_\eta(t) = \frac{A_\eta(t)}{K_\eta(B_\eta(t) - A_\eta(t)^2)^{1/2}}$$

其中, $A_\eta(0) = B_\eta(0) = 0, A_\eta(t) = \eta R_t + (1-\eta)A_\eta(t-1), B_\eta(t) = \eta R_t^2 + (1-\eta)B_\eta(t-1)$。

定义 8.2（夏普比率的微分） 夏普比率的微分 $D(t)$ 定义如下:

$$D_\eta(t) \equiv \frac{B_\eta(t-1)\Delta A_t - \frac{1}{2}A_\eta(t-1)\Delta B_\eta(t)}{(B_\eta(t-1) - A_\eta(t-1)^2)^{3/2}}$$

参数 η、A_η、B_η 见定义 8.1。

第 9 章
金融案例研究: 违约风险预测

本章作为本书的最后一章, 我们希望为读者提供一些使用机器学习解决实际问题的实践经验。如图 9.1 所示, 机器学习的工作流程主要包括以下几个方面: 数据预处理、特征提取、训练模型、参数调整、模型集成/选择和最终预测。

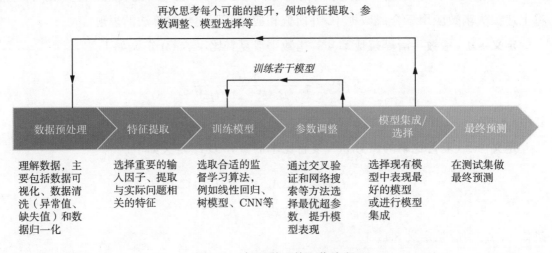

图 9.1　机器学习的工作流程

算法的学习过程是一个迭代的过程。通常首先选择一组特征和模型。给定模型的超参数, 训练得到相应的模型参数。根据这个模型的拟合结果调整模型超参数。在这个过程中, 可能会得到多个模型。然后可以使用不同的方法集成多个模型或者选择表现最优的模型。根据拟合结果, 需要反思整个流程, 从数据预处理到模型集成的每一步, 并尝试各种可能的方法以提高预测的准确率。最后选择在训练集上表现最好的模型（或集成模型）, 并在测试集上做预测。

接下来将以 Kaggle 一个关于金融应用的竞赛项目为例, 逐步介绍机器学习的工作流程。本章将会帮助机器学习初学者了解：

- 如何将机器学习应用于金融中。
- 如何参加 Kaggle 竞赛。

9.1 问题设定与数据

本章中选择的例子是近期 Kaggle 上最受欢迎的一个竞赛项目：Home Credit Default Risk[1]。这个竞赛项目吸引了 7000 多只参赛队伍（包括个人或团队），总奖金高达 70 000 美元。

Home Credit[2]是一家为信用记录很少或没有信用记录的人提供信贷服务的金融机构。因此，预测客户是否有能力偿还贷款是一个迫切的业务需求。参赛者的任务是根据 Home Credit 提供的历史数据，充分挖掘数据中的有效信息，预测客户的还款能力。具体而言，参赛者需要根据客户的历史信用信息，对其是否有能力偿还贷款进行分类，因此，这是一个使用多模态输入数据的二元分类任务。

首先，查看这次竞赛提供的数据。一个题为 *Start Here: A Gentle Introduction*[3]的 kernel 很好地描述了这个问题，其中一共有 7 种不同的数据来源：

- application_train/application_test.csv：最主要的训练和测试数据，记录了客户贷款申请的相关信息。每个当前的贷款申请都有一个唯一的 ID，由特征"SK_ID_CURR"定义。训练数据包含"TARGET"，0 表示已偿还贷款，1 表示未偿还贷款。测试数据不包含"TARGET"。
- bureau.csv：客户向信用评估机构（Credit Bureau）报告或从其他金融机构获得的历史贷款。每次历史贷款对应 bureau.csv 中的一行数据，但一个贷款申请 ID 可以有多行数据。
- bureau_balance.csv：客户在 bureau.csv 中历史贷款的月度数据。每一行是一个月的历史贷款数据。
- previous_application.csv：客户在 Home Credit 的历史贷款申请。每个当前贷款申请

---

① 详见https://www.kaggle.com/c/home-credit-default-risk。
② 详见http://www.homecredit.net/about-us.aspx。
③ 详见https://www.kaggle.com/willkoehrsen/start-here-a-gentle-introduction。

可以有多个历史贷款申请。每个历史贷款申请都有一行数据和一个唯一的 ID, 由特征 "SK_ID_PREV" 定义。

☐ POS_CASH_BALANCE.csv: 客户在 Home Credit 历史贷款的月度数据。每一行是一个月的历史贷款数据。

☐ credit_card_balance.csv: Home Credit 信用卡客户的月度数据。每一行是一个月的信用卡数据, 一个信用卡可以有多行数据。

☐ instalments_payment.csv: 客户在 Home Credit 历史贷款的偿付记录。每一次已付款和未付款都对应一行数据。

图 9.2[①] 描绘了不同数据之间的内部联系。在接下来的讨论中使用 application_train/application_test.csv, 文件, 其中包含所有数据中最重要的信息。

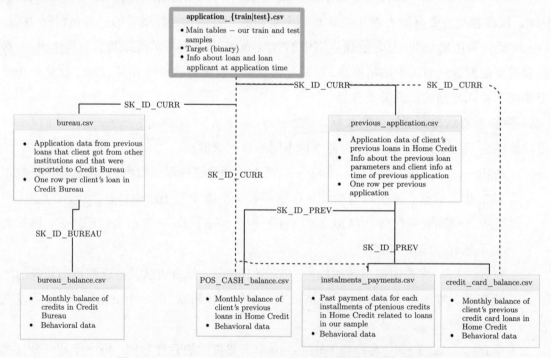

图 9.2　Home Credit Default Risk 竞赛项目中的数据结构

在 Kaggle 平台上, 参赛者必须上传 csv 格式的文件。对于测试集中的每一个 SK_ID_CURR, 参赛者需要预测 TARGET 为 1 的概率。最终提交的文件格式如表 9.1 所示。

① 图片来源: https://www.kaggle.com/willkoehrsen/start-here-a-gentle-introduction。

表 9.1　测试集的文件提交格式

SK_ID_CURR	TARGET
100001	0.0389
100005	0.0896
100013	0.0299
100028	0.0547
100038	0.1204

模型性能的度量指标是 AUC（见 2.2.4 节）。AUC 的得分越高，模型的预测效果越好。参赛者的排名根据测试集的 AUC 由高到低排列[1]。

9.2　探索性数据分析

9.2.1　不平衡数据

由于这是一个二分类问题，首先使用如下代码看一下类别 0 和 1 各自的百分比。图 9.3 展示了训练集中目标变量的分布，可以看到未偿还贷款（类别 1）的数量远远少于已偿还贷款（类别 0）的数量。

```
1  import seaborn as sns
2  df_train = df_all[df_all['TARGET'].notnull()]
3  df_train['TARGET']=df_train['TARGET'].astype(int)
4  ax = sns.countplot(df_train['TARGET'])
```

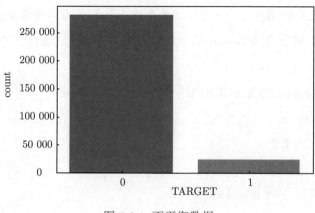

图 9.3　不平衡数据

---

[1] 详见https://www.kaggle.com/c/home-credit-default-risk/overview/evaluation。

9.2.2 缺失值

接下来通过下列代码看看这个例子中有多少缺失值。根据表 9.2 可知，多个特征如 COMMONAREA_MODE、COMMONAREA_MEOI、COMMONAREA_AVG 等缺失值的比率高达近 70%。

```
1  def missing_data(data):
2      total = data.isnull().sum().sort_values(ascending = False)
3      percent = (data.isnull().sum()/data.isnull().count()*100)
4      sort_values(ascending = False)
5      return pd.concat([total, percent], axis=1, keys=['Total', '
          Percent'])
6  print(missing_data(df_train))
```

表 9.2　缺失值最多的前 5 个输入特征

特 征	缺失值数量	缺 失 比 率
COMMONAREA_MODE	214 865	69.87%
COMMONAREA_MEDI	214 865	69.87%
COMMONAREA_AVG	214 865	69.87%
NONLIVINGAPARTMENTS_MODE	213 514	69.43%
NONLIVINGAPARTMENTS_AVG	213 514	69.43%

9.2.3 特征分组

在 Application.csv 数据集中，一共有 122 个输入特征。为方便起见，可以根据内容对特征进行分组。数据主要被分为以下几组（分组方法并不是唯一的，感兴趣的读者可以参考 GitHub 代码）。

❏ 外部特征 (sel_feas_EXT_SOURCE)：

　－ 'EXT_SOURCE_1'。

　－ 'EXT_SOURCE_2'。

　－ 'EXT_SOURCE_3'。

❏ AMT 相关特征 (sel_feas_AMT)：

　－ 'AMT_ANNUITY'。

　－ 'AMT_CREDIT'。

- 'AMT_INCOME_TOTAL'。
- 'AMT_GOODS_PRICE'。

❑ 个人信息（sel_feas_PERSON）：如性别、合同类型、房屋类型等。

❑ 其他信息。

这个数据集中有 65 个浮点型（float64）、42 个整数型（int64）和 16 个对象型（object）特征。因为数据是多模态的，这里选择的学习算法应该同时适用于处理数值变量和分类变量。

9.3　构建第一个分类器

在本节中使用贷款申请数据，尝试构建 LightGBM 模型，以解决这个二分类问题。LightGBM 是一种非常流行的梯度提升树模型，与其他梯度提升方法相比具有高效率的优点。

9.3.1　数据预处理

数据预处理通常包括以下步骤：

（1）将数据转换为学习算法可以处理的类型。

（2）将数据集分为训练集和测试集。

（3）处理缺失值。

（4）剔除异常值。

（5）进行标准化。

由于 LightGBM 算法直接适用于含有缺失值的数据，并且对标准化不敏感。因此数据预处理的工作主要是划分训练集和测试集。

9.3.2　特征工程

在使用机器学习解决实际问题时，找到适合于学习算法的有用特征是非常重要的，这被称为特征工程（feature engineering）。在一些问题中，原始数据的维度相对于样本量非常高，很容易导致严重的过拟合问题。对于任何数据问题，我们都应该谨慎筛选输入数据，或者将原始数据转换为特征，而这需要领域知识的帮助。如果没有有效的特征工程，可能导致较差的预测结果。

在这个例子中主要使用两种方法进行特征工程：

❏ 通过合并原始特征定义新特征。

❏ 通过领域知识定义新特征。

代码列表 9.1 给出了这两种特征工程方法的具体实现过程。对以上两种方法，分别给出一个例子。合并原始特征可以有效地减少特征数量。例如可以对相关特征求和，得到新特征 ADDRESS_MATCH_SCORE_TOTAL。领域知识可以定义更有效的新特征。例如年金百分比，其定义为申请人的年金与贷款的比率。与仅仅使用年金或贷款相比，这个新特征更好地反映了申请人的还款能力。

代码列表 9.1　通过合并和领域知识得到新特征

```
1  def features_add_derivative(df_all, feature_groups):
2      '''
3      通过合并和领域知识得到新特征
4      '''
5      #通过合并原始特征得到新特征
6      df = df_all.copy()
7      agg_mapping = {
8          'DOCUMENT': 'FLAG_DOCUMENT_TOTAL',
9          'AMT_REQ': 'AMT_REQ_CREDIT_BUREAU_TOTAL',
10         'BUILDING': 'BUILDING_SCORE_TOTAL',
11         'CONTACT': 'CONTACT_SCORE_TOTAL',
12         'ADDRESS_MATCH': 'ADDRESS_MATCH_SCORE_TOTAL'}
13     agg_func = lambda group_name, df: df[feature_groups[group_name]].
           sum(skipna=True, axis=1)
14     for (group_name, new_name) in agg_mapping.items():
15         df[new_name] = agg_func(group_name, df)
16     #通过领域知识得到新特征
17     df['AMT_INCOME_TOTAL'].replace(1.170000e+08, np.nan, inplace=True
           )
18     df['ANNUITY_CREDIT_PERC'] = df['AMT_ANNUITY'] / df['AMT_CREDIT']
19     df['ANNUITY_INCOME_PERC'] = df['AMT_ANNUITY'] / df['AMT_INCOME_
           TOTAL']
20     df['GOODS_PRICE_CREDIT_PERC'] = df['AMT_GOODS_PRICE'] / df['AMT_
           CREDIT']
21     sel_feas_object = [col for col in df.columns if df[col].dtype ==
           'object']
22     #分类特征: 二元特征和 One-Hot编码
23     for bin_feature in (sel_feas_object):
```

```
24        df[bin_feature], uniques = pd.factorize(df[bin_feature])
25    return df
```

特征工程最终帮助我们选择了 40 个特征。相对于 122 个原始输入特征, 实现了明显的降维。由于在特征工程中使用了领域知识, 这些特征可以保留原始输入数据的主要信息。

9.3.3　训练模型

LightGBM 是一种基于决策树的梯度提升方法。LightGBM 与其他树方法的主要区别在于树的生长方向。如图 9.4 所示, LightGBM 生成树的方式是按叶（leaf-wise）生长, 而其他树算法是按层（level-wise）生长。在每次迭代过程中, LightGBM 对叶子进行分割, 最大化降低损失函数。

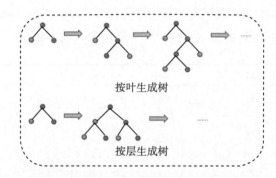

按叶生成树

按层生成树

图 9.4　LightGBM 与其他树方法的区别

LightGBM[①]同时也是一个由微软开发的 Python 库。在代码列表 9.2 中, 使用 Light-GBM 库构建 LightGBM 模型。

代码列表 9.2　构建 LightGBM 模型

```
1  import lightgbm as lgb
2  _default_algo_params_lgbm={'objective':'binary','metric':'auc','num_
       threads': 6, 'num_iterations': 10000, 'max_depth': 5, 'learning_
       rate': 0.03,  'bagging_fraction': 0.744, 'feature_fraction'
       : 0.268, 'lambda_l1': 0.91, 'lambda_l2': 0.89, 'min_child_weight'
       : 18.288, 'min_gain_to_split': 0.0365, 'verbose': -1, 'silent'
       : -1}
```

---

① 详见https://lightgbm.readthedocs.io/en/latest/index.html#。

```
3   _default_fit_params_lgbm = {"eval_metric": 'auc', 'verbose': 1000, '
        early_stopping_rounds': 100}
4   def Lgbm_fit(trn_x, tran_y, val_x, val_y, algo_parames, fit_params):
5       clf = lgb.LGBMClassifier(**algo_params)
6       fit_params.update({"eval_set": [(trn_x, trn_y), (val_x, val_y)]})
7       clf.fit(trn_x, trn_y, **fit_params)
8       return clf
9   clf = Lgbm_fit(trainX, tranY, valX, valY, _default_algo_params_lgbm,
        _default_fit_params_lgbm)
```

9.3.4　折外预测

本节将展示如何实现 2.3.2 节中介绍的折外预测。首先定义函数 train_model_lgbm_short(), 其中, 输入是训练集、测试集、ID 向量、折（folds）和 LightGBM 分类器的参数与拟合参数, 输出是一组预测模型 oof_models（见代码列表 9.3）。

代码列表 9.3　训练 LightGBM 模型

```
1   def train_model_lgbm(data_, test_, y_, ids, folds_, algo_params, fit_
        params):
2       oof_models = []
3       feats = [f for f in data_.columns if f not in ['SK_ID_CURR']]
4       for n_fold, (trn_idx, val_idx) in enumerate(folds_.split
            (data_, y_)):
5           trn_x, trn_y = data_[feats].iloc[trn_idx], y_.iloc[trn_idx]
6           val_x, val_y = data_[feats].iloc[val_idx], y_.iloc[val_idx]
7           clf = lgb.LGBMClassifier(**algo_params)
8           fit_params.update({"eval_set": [(trn_x, trn_y), (val_x, val_y
                )]})
9           clf.fit(trn_x, trn_y, **fit_params)
10          oof_models.append(copy.deepcopy(clf))
11          del clf, trn_x, trn_y, val_x, val_y
12          gc.collect()
13      folds_idx = [(trn_idx, val_idx) for trn_idx, val_idx in folds_.
            split (data_, y_)]
14      res_models = {'oof_models': oof_models, 'folds_idx':folds_idx}
15      return res_models
```

在代码列表 9.4 中使用 K 折分层交叉验证进行折外预测。表 9.3 给出了每折的 AUC 得分，大约都在 77%。图 9.5 给出了测试集的 ROC 曲线，可以看到 LightGBM 模型的 AUC 平均值是 0.7699，标准差是 0.005。

代码列表 9.4　使用 K 折分层交叉验证进行折外预测

```
1  def oof_prediction_test(data_, test_, y_, ids, folds_, res_models):
2      '''交叉验证的折外预测'''
3      sub_preds = np.zeros(test_.shape[0])
4      feats = [f for f in data_.columns if f not in ['SK_ID_CURR']]
5      for n_fold, (trn_idx, val_idx) in enumerate(folds_.split(data_, y
           _)):
6          clf = res_models['oof_models'][n_fold]
7          sub_preds += clf.predict_proba(
8              test_[feats],
9              num_iteration=clf.best_iteration_)[:, 1] / folds_.n_
                   splits
10         test_['TARGET'] = sub_preds
11         del clf
12         gc.collect()
13     test_['TARGET'] = sub_preds
14     folds_idx = res_models['folds_idx']
15     res = {
16         'y': y_,
17         'folds_idx': folds_idx,
18         'test_preds': test_[['SK_ID_CURR', 'TARGET']],
19     }
20     return res
```

表 9.3　折外预测结果

	折 1	折 2	折 3	折 4	折 5	总得分
AUC	0.7684	0.7701	0.7738	0.7614	0.7758	0.7699

图 9.6 给出了折外预测的平均特征重要性。从图中可以看到，最重要的特征是 ANN-UITY_CREDIT_PERC、EXT_SOURCE_3 和 DAYS_CREDIT_PERC。这个学习结果符合实际情况，因为这些特征可以准确地预测申请人的还款能力。需要注意的是，特征 ANNUITY_CREDIT_PERC 是由领域知识得到的，这说明了特性工程的重要性。此外，特征 EXT_SOU-

RCE 也是一个重要的因素。

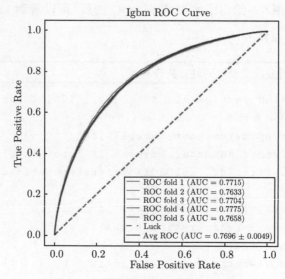

图 9.5   5 折交叉验证的 ROC 曲线

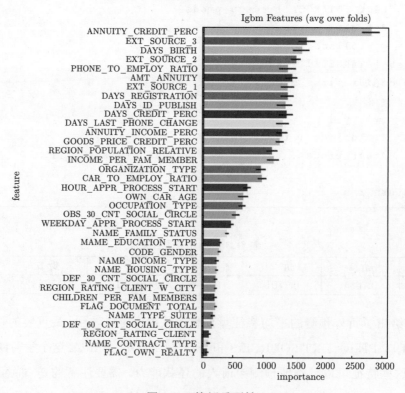

图 9.6   特征重要性

9.3.5　参数调整

本节使用网格搜索进行参数调整, 并根据训练集交叉验证的结果, 选择最优参数。因为 Scikit-Learn 的 gridsearch_cv 不支持提前停止（early stopping）, 所以需要自定义 GridSearch() 函数, 使用 lgb.cv 计算给定一组参数对应的交叉验证的结果（见代码列表 9.5）。

代码列表 9.5　定义网格搜索函数

```
 1  def GridSearch(x_train, sel_feas, y_train, param_grid, algo_params =
        _default_algo_params_lgbm, cv = 5, num_boost_round=  2000, early_
        stopping_rounds=100, verbose_eval=1000, seed = 5):
 2      best_params = {}
 3      grid_scores = []
 4      for i in range(len(param_grid)):
 5          algo_params.update(param_grid[i])
 6          #给定一组参数进行交叉验证
 7          cvresult = lgb.cv(algo_params, lgb.Dataset(x_train[sel_feas
              ], label=y_train.values.astype(int)), nfold=cv,
              stratified=True, num_boost_round=  num_boost_round, early
              _stopping_rounds=early_stopping_rounds, verbose_eval=
              verbose_eval, seed = seed, show_stdv=True)
 8          # 计算K折交叉验证的准确率和标准差
 9          curr_auc = pd.Series(cvresult['auc-mean']).max()
10          curr_std = pd.Series(cvresult['auc-mean']).std()
11          cv_res = param_grid[i]
12          cv_res.update({'auc': curr_auc, 'std': curr_std}) grid_scores
              .append(cv_res)
13          #更新参数
14          if curr_auc > max_auc:
15              best_params = param_grid[i]
16      return best_params,  grid_scores
```

通过调用 GridSearch() 函数, 表 9.4 给出了交叉验证和网格搜索的数值结果。从表中可以看出, 最优参数集学习率 0.03、最大深度 6、树叶个数 31 对应的 5 折交叉验证平均准确率是 0.7702。对 LightGBM 中参数调整感兴趣的读者, 请参考官方文档[①] 中的介绍。

[①] 详见https://lightgbm.readthedocs.io/en/latest/Parameters-Tuning.html。

表 9.4　参数调整数值结果

学 习 率	树叶个数	最大深度	
		5	6
0.01	20	0.7695	0.7695
	31	0.7692	0.7695
0.03	20	0.7698	0.7698
	31	0.7700	0.7702

9.4　模型集成

为了提升模型在测试集上的准确率, 本节以 LightGBM、逻辑回归和神经网络三种不同的模型作为基学习器, 使用 2.3.3 节中介绍的 Stacking 进行模型集成。一个题为 *a Kaggler's guide to model stacking in practice*[①]的 kernel 提供了关于 Stacking 很好的入门资料。

之前的内容中已经展示了如何训练 LightBGM 模型并进行折外预测。对于逻辑回归和神经网络, 只须修改模型部分的代码。因此可以用结构化的方式实现代码, 避免重复编写三个模型的代码。

表 9.5 展示了两个不同参数的 LightGBM 模型（lgb1 和 lgb2）、逻辑回归模型（lm）和神经网络模型（nn）在部分测试数据上的预测结果。

表 9.5　使用不同模型的 4 个预测器的预测结果

SK_ID_CURR	lgb1	lgb2	lm	nn
100001	0.0293	0.0374	0.0824	0.0448
100005	0.0901	0.0868	0.1031	0.1567
100013	0.0122	0.0157	0.0867	0.0216
100028	0.0494	0.0455	0.0946	0.0293
100038	0.1276	0.1292	0.1086	0.1299

关于 Home Credit Default Risk 的 Python 项目构建如下。

❑ preprocessing.py:

　　❑ 导入数据。

　　❑ 特征选择和特征工程。

[①] 详见http://blog.kaggle.com/2016/12/27/a-kagglers-guide-to-model-stacking-in-practice/。

- ❑ model_train.py:
    - ❑ 训练模型: 训练 LightGBM(lgbm)、逻辑回归 (lm) 和神经网络 (nn) 模型 (KFold 是函数参数) 并记录结果。
- ❑ model_helper.py:
    - ❑ 计算特征重要性。
    - ❑ 绘图: importance、roc_curve、precision。
- ❑ default_parameters_config.py:
    - ❑ 设置 lgbm、lm 和 nn 模型的默认参数。
- ❑ 主函数:
    - ❑ main_run_base_model.py: 运行 4 个基模型。
    - ❑ main_grid_search.py: 网格搜索。
    - ❑ main_model_stack.py: 模型集成。
- ❑ run_model_kaggle_home_credit.ipynb:
    - ❑ 选择默认模型参数。
    - ❑ 训练模型并记录结果。

这里使用 LightGBM 构建元模型, 学习 4 个预测器与实际输出标签之间的函数关系。表 9.6 给出了基模型和元模型 AUC 的比较结果。虽然使用了 Stacking 的元模型表现优于所有基模型, 但效果并不显著。一个可能的原因是, 当基模型之间的相关性较低时, Stacking 的效果较好。但是, 在这个例子中, 4 个基模型的特征和数据是相同的, 因此有较强的相关性。

表 9.6　基模型和元模型的 AUC 得分

	lgb1	lgb2	lm	nn	Stacking
AUC	0.7705	0.7648	0.6680	0.7430	0.7709

表 9.7 给出了每个基模型的特性重要性。从其中可以看出, 表现较好的基模型（**lgb1** 和 **lgb2**）在元模型的学习过程中占有更高的权重。

表 9.7　元模型的特征重要性

	lgb1	lgb2	lm	nn
特征重要性	173.8	90.82	80.43	75.0

为了进一步提高测试集的 AUC, 增加数据 installments_payments.csv 和 POS_CASH_balance.csv, 并且使用一个新的特征集 signature[①]。如表 9.8 所示, 使用 signature 的两个不同参数的 lightGBM 模型（sig1 和 sig2）在测试集上的 AUC 大约只有 60%。与 lgb1 和 lgb2 模型相比, 表现并不是很好。但是集成 sig1、sig2 和其他基模型的元模型 Stacking2 可以将测试集的 AUC 从 0.7709 提高到 0.7783。这也验证了之前的猜想, 当基模型之间的相关性较低时, Stacking 的效果较好, 即使单个基模型的效果并不理想。

表 9.8　使用 signature 特征集的基模型和元模型的 AUC 得分

	sig1	sig2	Stacking2
Test AUC	0.6323	0.5823	0.7783

9.5　提交结果

最后看看 Stacking2 模型的表现。把模型提交给 Kaggle 之后, AUC 得分是 0.7783, 在所有 7198 个参赛队伍中排名 4472。或许这个排名并不是很高, 要注意的是, 到目前为止我们只使用训练集的部分特征信息, 像 credit_card_balance.csv 等数据并没有使用。现在轮到你尝试自己的方法了, 相信你一定可以做得更好!

9.6　练习

9.6.1　CFM 挑战：波动率预测

这项挑战由 CFM 赞助, 目标是使用历史股票价格, 预测股票收盘的波动率。CFM 成立于 1991 年, 是全球领先的量化资产管理公司, 专注于开发全球金融市场的量化交易策略。CFM 的成功依赖于对 TB 级别金融数据的统计分析建模, 为资产配置、交易决策和订单执行服务。

美国股市上午 9:30 开盘, 下午 4:00 收盘。这项挑战要求挑战者使用上午 9:30 至下午 2:00 之间的交易数据, 预测下午 2:00 至 4:00 之间的波动率。提供的数据包括两个训练文件

[①] 关于如何计算 signature 的内容已经超出本书讨论的范围, 在此不详细介绍, 有兴趣的读者请参阅 [Levin et al. 2013]。

和一个测试文件。

训练输入文件包含一组股票在一段时期内每 5 分钟的波动率和回报方向。每一行数据都有一个唯一的 ID, 表示特定的股票和日期, 分别由特征 product_id 和 date 定义。波动率是 5 分钟内股票价格的标准差, 从计算开始时间上午 9:30 到下午 1:55, 每个 ID 可以产生 54 个波动率样本。

回报方向是 5 分钟内价格变化的符号。与波动率一样, 回报方向的计算区间也是上午 9:30 到下午 1:55。因此对于每个 ID, 输入文件中包含了 54 个回报方向值。表 9.9 展示了输入文件的部分数据。输入文件的第一行是页眉, 每一列介绍如下。

表 9.9　输入文件部分数据

ID	date	product_id	volatility 09:30:00	volatility 09:35:00	...	return 13:25:00	return 13:30:00
1	1	1	0.6627	0.7169	...	−1.0	1.0
2	1	2	0.2854	0.3796	...	1.0	1.0
3	1	3	1.1516	1.0936	...	−1.0	1.0
4	1	4	0.8353	0.3296	...	0.0	1.0
5	1	5	0.2742	0.0611	...	0.0	1.0

- ❑ ID: 每一行的 ID 对应输出文件中的预测 ID。
- ❑ date: 表示特定的日期, 一个日期可以与多个股票对应（基于实际原因, 日期是随机的）。
- ❑ product_id: 股票 ID, 表示特定公司的股票（例如, 股票 #236 在训练文件和测试文件中表示的公司相同）。
- ❑ 接下来的列是 5 分钟内的波动率和回报方向。时间戳是军用时间格式。例如, "volatility 10:00:00" 是上午 10:00 到 10:05 之间的波动率。

训练输出文件包含了每个 ID 的目标值, 代表同一组股票在特定日期下午 2:00 到 4:00 之间的波动率。如表 9.10 所示, 输出文件中的每一行都有一个 ID 和实际波动率。

表 9.10　输出文件部分数据

ID	TARGET
1	0.134 168
2	0.046 126
3	0.144 312
4	0.130 176
5	0.085 873

挑战者需要使用测试输入文件生成一个测试输出文件, 其格式必须与训练输出文件相同, 每一行有一个 ID 和下午 2:00 至 4:00 之间的预测波动率。这次挑战使用的拟合优度指标为平均绝对百分比误差 (Mean Absolute Percentage Error, MAPE)[①], 挑战者的排名由测试数据的 MAPE 决定。

9.6.2 Kaggle 其他金融应用竞赛

Kaggle 上还有很多关于金融应用的数据竞赛项目, 这里列出其中的几项, 留给读者作为练习。

❑ *Two Sigma: Using News to Predict Stock Movements-Use news analytics to predict stock price performance*[②]。在大数据时代, 无处不在的数据可以帮助投资者做出更好的投资决策。那么能否使用新闻分析来预测股价表现呢? 这个项目的挑战是如何解释新闻中的数据, 并在海量的数据中找到信号。

❑ *Prudential: Life Insurance Assessment*[③]。在一键购物的时代, 人寿保险的申请流程变得格格不入。客户通常需要提供大量的信息, 其中包括医疗检查, 整个过程平均需要 30 天。准确、高效地获得客户的风险等级和评估结果, 对于保险公司十分重要。参赛者需要建立一个预测模型准确地进行风险分类。

---

① 详见https://en.wikipedia.org/wiki/Mean_absolute_percentage_error。
② 详见https://www.kaggle.com/c/two-sigma-financial-news。
③ 详见https://www.kaggle.com/c/prudential-life-insurance-assessment。

参 考 文 献

[Ache and Warren, 2019] Ache, A. G. and Warren, M. W. (2019). Ricci curvature and the manifold learning problem. *Advances in Mathematics*, 342:14–66.

[Baldi and Sadowski, 2013] Baldi, P. and Sadowski, P. J. (2013). Understanding dropout. In *Advances in neural information processing systems*, pages 2814–2822.

[Bhandare et al., 2016] Bhandare, A., Bhide, M., Gokhale, P., and Chandavarkar, R. (2016). Applications of convolutional neural networks. *International Journal of Computer Science and Information Technologies*, 7(5):2206–2215.

[Breiman, 1996] Breiman, L. (1996). Bagging predictors. *Machine learning*, 24(2):123–140.

[Breiman, 1999] Breiman, L. (1999). Pasting small votes for classification in large databases and on-line. *Machine learning*, 36(1-2):85–103.

[Chipman et al., 1998] Chipman, H. A., George, E. I., and McCulloch, R. E. (1998). Bayesian cart model search. *Journal of the American Statistical Association*, 93(443):935–948.

[Cho et al., 2014] Cho, K., Van Merriënboer, B., Gulcehre, C., Bahdanau, D., Bougares, F., Schwenk, H., and Bengio, Y. (2014). Learning phrase representations using rnn encoder-decoder for statistical machine translation. *arXiv preprint arXiv:1406.1078*.

[Commons, 2020] Commons, W. (2020). File:complete neuron cell diagram zh.svg—wikimedia commons, the free media repository. [Online; accessed 16-August-2020].

[Deng et al., 2017] Deng, Y., Bao, F., Kong, Y., Ren, Z., and Dai, Q. (2017). Deep direct reinforcement learning for financial signal representation and trading. *IEEE transactions on neural networks and learning systems*, 28(3): 653–664.

[Ester et al., 1996] Ester, M., Kriegel, H.-P., Sander, J., Xu, X., et al. (1996). A density-based algorithm for discovering clusters in large spatial databases with noise. In *Kdd*, volume 96, pages 226–231.

[Friedman et al., 2001] Friedman, J., Hastie, T., and Tibshirani, R. (2001). *The elements of statistical learning*, volume 1. Springer series in statistics New York.

[Friedman, 2001] Friedman, J. H. (2001). Greedy function approximation: a gradient boosting machine. *Annals of statistics,* pages 1189-1232.

[Goodfellow et al., 2014] Goodfellow, I., Pouget-Abadie, J., Mirza, M., Xu, B., Warde-Farley, D., Ozair, S., Courville, A., and Bengio, Y. (2014). Generative adversarial nets. In *Advances in neural information processing systems*, pages 2672–2680.

[Graham, 2014] Graham, B. (2014). Fractional max-pooling. *arXiv preprint arXiv:1412.6071*.

[Graves et al., 2013] Graves, A., Mohamed, A.-r., and Hinton, G. (2013). Speech recognition with deep recurrent neural networks. In *2013 IEEE international conference on acoustics, speech and signal processing*, pages 6645–6649. IEEE.

[Gunning, 2017] Gunning, D. (2017). Explainable artificial intelligence (xai). *Defense Advanced Research Projects Agency (DARPA), nd Web.*

[Gybenko, 1989] Gybenko, G. (1989). Approximation by superposition of sigmoidal functions. *Mathematics of Control, Signals and Systems*, 2(4):303–314.

[Hastie et al., 2009] Hastie, T., Rosset, S., Zhu, J., and Zou, H. (2009). Multi-class adaboost. *Statistics and its Interface*, 2(3):349–360.

[He et al., 2016] He, K., Zhang, X., Ren, S., and Sun, J. (2016). Deep residual learning for image recognition. In *Proceedings of the IEEE conference on computer vision and pattern recognition*, pages 770–778.

[Hochreiter and Schmidhuber, 1997] Hochreiter, S. and Schmidhuber, J. (1997). Long short-term memory. *Neural computation*, 9(8):1735–1780.

[Hoff, 2017] Hoff, P. D. (2017). Lasso, fractional norm and structured sparse estimation using a hadamard product parametrization. *Computational Statistics & Data Analysis*, 115:186–198.

[Huang et al., 2017] Huang, G., Liu, Z., Van Der Maaten, L., and Weinberger, K. Q. (2017). Densely connected convolutional networks. In *Proceedings of the IEEE conference on computer vision and pattern recognition*, pages 4700–4708.

[Huang and Polak, 2011] Huang, R. and Polak, T. (2011). Lobster: Limit order book reconstruction system. *Available at SSRN 1977207.*

[Hubel and Wiesel, 1962] Hubel, D. H. and Wiesel, T. N. (1962). Receptive fields, binocular interaction and functional architecture in the cat's visual cortex. *The Journal of physiology*, 160(1):106–154.

[Ke et al., 2017] Ke, G., Meng, Q., Finley, T., Wang, T., Chen, W., Ma, W., Ye, Q., and Liu, T.-Y. (2017). Lightgbm: A highly efficient gradient boosting decision tree. In *Advances in Neural Information Processing Systems*, pages 3146–3154.

[Krizhevsky et al., 2012] Krizhevsky, A., Sutskever, I., and Hinton, G. E. (2012). Imagenet classification with deep convolutional neural networks. In *Advances in neural information processing systems*, pages 1097–1105.

[LeCun et al., 2015] LeCun, Y., Bengio, Y., and Hinton, G. (2015). Deep learning. *nature*, 521(7553):436.

[LeCun et al., 1995] LeCun, Y., Jackel, L., Bottou, L., Brunot, A., Cortes, C., Denker, J., Drucker, H., Guyon, I., Muller, U., Sackinger, E., et al. (1995). Comparison of learning algorithms for handwritten digit recognition. In *International conference on artificial neural networks*, volume 60, pages 53–60. Perth, Australia.

[Levin et al., 2013] Levin, D., Lyons, T., and Ni, H. (2013). Learning from the past, predicting the statistics for the future, learning an evolving system. *arXiv preprint arXiv:1309.0260.*

[McCulloch and Pitts, 1943] McCulloch, W. S. and Pitts, W. (1943). A logical calculus of the ideas immanent in nervous activity. *The bulletin of mathematical biophysics*, 5(4):115-133.

[Mnih et al., 2013] Mnih, V., Kavukcuoglu, K., Silver, D., Graves, A., Antonoglou, I., Wierstra, D., and Riedmiller, M. (2013). Playing atari with deep reinforcement learning. *arXiv preprint arXiv:1312.5602.*

[Moody and Saffell, 2001] Moody, J. and Saffell, M. (2001). Learning to trade via direct reinforcement. *IEEE transactions on neural Networks*, 12(4):875–889.

[Moody and Wu, 1997] Moody, J. and Wu, L. (1997). Optimization of trading systems and portfolios. In *Computational Intelligence for Financial Engineering (CIFEr), 1997., Proceedings of the IEEE/IAFE 1997*, pages 300–307. IEEE.

[Rosenblatt, 1957] Rosenblatt, F. (1957). *The perceptron, a perceiving and recognizing automaton Project Para.* Cornell Aeronautical Laboratory.

[Silver et al., 2016] Silver, D., Huang, A., Maddison, C. J., Guez, A., Sifre, L., Van Den Driessche, G., Schrittwieser, J., Antonoglou, I., Panneershelvam, V., Lanctot, M., et al. (2016). Mastering the game of go with deep neural networks and tree search. *nature*, 529(7587):484–489.

[Simonyan and Zisserman, 2014] Simonyan, K. and Zisserman, A. (2014). Very deep convolutional networks for large-scale image recognition. *arXiv preprint arXiv:1409.1556*.

[Sirignano and Cont, 2018] Sirignano, J. and Cont, R. (2018). Universal features of price formation in financial markets: perspectives from deep learning.

[Srivastava et al., 2014] Srivastava, N., Hinton, G., Krizhevsky, A., Sutskever, I., and Salakhutdinov, R. (2014). Dropout: a simple way to prevent neural networks from overfitting. *The Journal of Machine Learning Research*, 15(1):1929–1958.

[Steinkraus et al., 2005] Steinkraus, D., Buck, I., and Simard, P. (2005). Using gpus for machine learning algorithms. In *Eighth International Conference on Document Analysis and Recognition (ICDAR'05)*, pages 1115–1120. IEEE.

[Sutton and Barto, 2018] Sutton, R. S. and Barto, A. G. (2018). *Reinforcement learning: An introduction.* MIT press.

[Szegedy et al., 2015] Szegedy, C., Liu, W., Jia, Y., Sermanet, P., Reed, S., Anguelov, D., Erhan, D., Vanhoucke, V., and Rabinovich, A. (2015). Going deeper with convolutions. In *Proceedings of the IEEE conference on computer vision and pattern recognition*, pages 1–9.

[Thorndike, 1953] Thorndike, R. L. (1953). Who belongs in the family? *Psychometrika*, 18(4):267–276.

[Thrun and Pratt, 2012] Thrun, S. and Pratt, L. (2012). *Learning to learn.* Springer Science & Business Media.

[Tibshirani et al., 2001] Tibshirani, R., Walther, G., and Hastie, T. (2001). Estimating the number of clusters in a data set via the gap statistic. *Journal of the Royal Statistical Society: Series B (Statistical Methodology)*, 63(2):411–423.

[Van Den Oord et al., 2016] Van Den Oord, A., Dieleman, S., Zen, H., Simonyan, K., Vinyals, O., Graves, A., Kalchbrenner, N., Senior, A. W., and Kavukcuoglu, K. (2016). Wavenet: A generative model for raw audio. *SSW*, 125.

[Wang and Jiang, 2015] Wang, S. and Jiang, J. (2015). Learning natural language inference with lstm. *arXiv preprint arXiv:1512.08849*.

[Ward Jr, 1963] Ward Jr, J. H. (1963). Hierarchical grouping to optimize an objective function. *Journal of the American statistical association*, 58(301):236–244.

[Zhang and Zhu, 2018] Zhang, Q.-s. and Zhu, S.-C. (2018). Visual interpretability for deep learning: a survey. *Frontiers of Information Technology & Electronic Engineering*, 19(1):27–39.